女性リーダーを育てる本

管理職のための

Developing women's leadership

株式会社Ke-iビジネス代表取締役
前田典子 著

一般社団法人 金融財政事情研究会

はじめに

いまこそ女性の育成は待ったなし

　2015年8月、女性活躍推進法が成立しました。従業員301人以上の企業は女性登用について数値目標を含む行動計画の作成と公表が課せられます。これによってほとんどの金融機関にとって女性リーダーの育成は必須の課題となりました。金融機関はこれまでも経営計画に「女性の育成」を掲げ女性の活躍推進を後押ししてきましたが、さらに加速することが予想されます。

　昨今は仕事に真剣に向き合い頑張る女性はますます増えています。金融機関においても、子育てをしながら働いたり、管理職や融資業務などにチャレンジしたりする女性が珍しくなくなりました。

　その一方で、現場は環境の変化に必ずしも対応できているとはいえません。産休、育休、時短など女性が働き続けられるインフラは以前と比べ格段に整ってきているものの、実際の運用に関しては課題が多いようです。人繰りなど物理的な要因もありますが、根底にあるのは意識の変化が追いついていないことにあります。

　大部分の人が、多様化する顧客ニーズに応えていくには男性の知恵だけで立ちゆかないことや、労働人口を考えても男性だけでは組織の重要な役割を背負いきれないことを頭では理解しているものの、心の底から「女性の活躍」を願っているかというと、まだその段階には至っていないのではないでしょうか。なぜなら、実現のために超えなければならないハードルが多々あります。たとえば、男性と女性の違いがもたらす課題も発生します。それを解消する億劫さが、変革を妨げています。

つまり、組織全体の意識が「女性がもっと活躍してほしい」という方向に進化していかなければ、女性活躍推進施策と現場との間にひずみが生じる可能性があります。つまり、表面的に女性管理職の比率を高めていくだけでは、現場にはコンフリクトが発生し、決してよい結果にはつながらないのです。

　現場からも、「女性をどうマネジメントしたらよいかわからない」「女性部下がそこまで頑張りたくないようだ」という上司の声があったり、「役席になるほどの責任を負いたくない」「頑張れと言われても何をしたらいいのかわからない」という部下の声があったりと、解決すべき課題は明確になってきています。

　望ましいかたちで女性が活躍できる組織をつくっていくためには、女性が目にみえる結果を出していくことが必至です。現場における困難を克服して真に仕事のできる女性をいかに育成していけるかが、企業が存続できるかどうかの分かれ目といってもよいでしょう。

　金融機関は、これまで女性を育成してこなかったわけではありません。1986年の男女雇用機会均等法の施行に伴い総合職を導入、1990年代に入って「ダイバーシティ」が提唱されてからは専門部署を設けて取り組んだ組織も多く、一定の効果をあげてきました。女性のお客様向けの商品開発をする女性だけの部署が発足したり、女性支店長が徐々に増加したりしています。また、現場の管理職（男女とも）も、女性を育てたいと工夫しているケースが増えました。しかしながら、経済環境が悪くなったことや組織風土の改革に至らなかったことで、活躍度合いは今一歩といったところです。

　ウーマノミクスから女性活躍推進法へという国の動きは何度目かの正直です。もしかしたら組織が変わる最後のチャンスかもしれま

せん。男女ともが生き生きと働く組織をつくるために、いまここで女性の真の育成をしていきましょう。

2015年12月

前田　典子

■著者紹介■

前田　典子（まえだ　のりこ）

株式会社Keiビジネス　代表取締役
一般社団法人関係性開発協会（RCI）理事
人材育成コンサルタント／組織開発コーチ

早稲田大学人間科学部卒
東京銀行（現三菱東京UFJ銀行）、クレディスイス東京支店勤務の後、株式会社MSCにて企業の人材育成に従事。2000年Keiビジネス開業。研修講師、コーチとして企業の人材育成に携わる。2013年事業を法人化。大企業から小規模企業までさまざまな組織の人材の能力開発および組織開発を行っている。

国際コーチ連盟（ICF）認定コーチ
キャリア・デベロップメント・アドバイザー（CDA）
HRD社認定DiSCインストラクター
CRRグローバル認定　システムコーチ

主な著書
『「口ベタだっていいじゃない」と思えるコミュニケーション力養成講座』（ダイヤモンド社）、『強い営業店をつくる　今日からやろうコーチング！』『女性力で強くなる！　～新たな視点で切り開く人材マネジメント』『収益力を高める　明るい職場づくり』『コーチング実践ものがたり』『部下をやる気モードに変える40のヒント』（以上、近代セールス社）、『営業担当者のための心でつながる顧客満足＜CS＞向上術』（金融財政事情研究会）

（株）KeiビジネスURL　http://www.kei-business.com

目次

第1章 女性の育成 5つのとまどい

1. 「リーダーシップ」では伝わらない？ … 2
2. せっかくのチャンスなのに…… … 4
3. なぜ仕事に感情を持ち込むのか？ … 6
4. 女性の嫉妬は恐ろしい…… … 8
5. 女性上司なら大丈夫だと思ったのに … 10

第2章 女性のココを育てよう

1. 「リーダーシップ」をブレイクダウン … 14
2. リーダーシップがない人はいない … 16
3. 「一歩出たくない」は確かに存在する … 20
4. 強化するのは「業務力」ではなく「仕事力」 … 22
5. 雌鳥型を卒業させよう … 27
6. 女性に担当できない業務はない … 29
7. 「女性脳」は神様からのギフト … 31
8. 調整力を伸ばすとあなたの仕事も楽になる … 35
9. 帽子の被りかえ方を伝授しよう … 37
10. 言葉の「漢字変換」が部下のランクを高める … 40
11. ロジカルシンキング、ロジカルスピーキングは日々の積み重ね … 42
12. 人脈づくりこそ上司の腕のみせどころ … 45

第3章　女性リーダーを育てる上司の心得

1. 上司の"想い"がなければ部下は育たない　48
2. あなたのリーダーシップスタイルを押しつけないで！　50
3. チームのよい関係性が部下の背中を押す　52
4. 「女性」に対する苦手意識はないか　56
5. 両立支援は個人の課題ではない　59
6. 子どものいない女性を忘れるな　63
7. 研修には「行ってらっしゃい」では不十分　65
8. 曖昧な指示はリーダーを育てない　68
9. 部下の「いま」を十分に認めているか？　70
10. ロールモデル候補をつぶさない　72
11. 女性上司の落とし穴　76

第4章　女性がぐんぐん伸びる関係づくり

1. 女性部下を伸ばすには"関係性"を攻略しよう　80
2. 関係性を育てるコミュニケーション　85
3. 「女性だから」の思い込みをはずそう
   〜 DiSCを知る　124

● Column ●

ダイバーシティ＝女性の活用？　26
"関係性"の大切さ　62
よい偶然を引き寄せる　75
共感で人を動かす　84
ワークとライフはバランスをとらなくてもよい　134

● 参考文献／サイト ●　135

第 1 章

女性の育成
5つのとまどい

1 「リーダーシップ」では伝わらない？

第 **1** 章　女性の育成　5つのとまどい

　期待されている女性職員山本さんがリーダー研修に参加しました。研修では「リーダーシップ」について学んできたようです。しかし、現場に戻ると待っているのはいつもの業務。研修で学んだことをどのように活かせばよいのかわかりません。上司の「研修に出たからリーダーシップを発揮してくれるだろう」という思惑どおりにはなかなかならず、山本さんも戸惑っています。

　「女性部下に期待したいこと」というと、一番にあげられるのがリーダーシップの発揮です。しかし、そう伝えてもいつまでも変わってくれない部下、いないでしょうか？　そうなると、「女性はだからダメなんだ」と思ってしまいがちですが、原因は伝える側にあるのです。「ダメ」と思う前に、どうしたら伝わるのか、考えてみましょう。

ココを読んでみよう！

第2章　1　「リーダーシップ」をブレイクダウン
　　　　2　リーダーシップがない人はいない
第3章　2　あなたのリーダーシップスタイルを押しつけないで！
　　　　8　曖昧な指示はリーダーを育てない

2 せっかくのチャンスなのに……

営業店で活躍している部下、営業成績もよさそうです。女性活躍推進施策のなか、こういう人には管理職になってほしいと思うのは当然です。声をかけたら、部下が喜んでくれると思いましたが……実際は堅く辞退。上司は驚いています。

　上司にとって、女性職員を育てることは大切な仕事です。ですから、頑張っている部下に挑戦してもらいたいものですが、管理職登用までいかなくても、ステップアップした役割にとせっかく声をかけたのにイラストのように辞退されたことはないでしょうか。謙虚さとは種類の異なる辞退の仕方、男性の上司には理解しにくいことかもしれません。
　ここには女性特有の理由が存在するのです。

ココを読んでみよう！

第2章　3　「一歩出たくない」は確かに存在する
　　　　4　強化するのは「業務力」でなく「仕事力」
　　　　5　雌鳥型を卒業させよう
第3章　3　チームのよい関係性が部下の背中を押す
　　　　10　ロールモデル候補をつぶさない

3 なぜ仕事に感情を持ち込むのか？

第 1 章　女性の育成　5つのとまどい

　リーダーの女性が後輩の華原さんの様子を気にしています。華原さんは思うように目標数字が達成できておらず落ち込んでいます。そのことを上司に伝えたのですが、上司には取り合ってもらえそうにありません。

　一緒に働いている人の心の状態を気にかける女性職員はいませんか？　男性上司のなかには「仕事と感情は別」と考え、その職員のことを理解できない人もいるのではないでしょうか？　実は女性には「仕事」と「感情」を分けられない特性があるのです。そして、これは決してネガティブなことではなく女性の強みを活かしたリーダーシップにつながるのです。

■ココを読んでみよう！

第2章　7　「女性脳」は神様からのギフト
　　　　9　帽子の被りかえ方を伝授しよう

4 女性の嫉妬は恐ろしい……

第 1 章　女性の育成　5つのとまどい

　工藤さんは優秀な営業担当者のようです。上司としては褒めたいと考えるのは当然です。そして、皆のロールモデルとなってもらいたいという気持ちもあるでしょう。そこで、その願いをそのまま伝えてしまいました。すると……他の女性職員と工藤さんとの関係性がおかしくなってしまったようです。

　頑張った部下を褒めることはよいことですし、その人の成長を促します。しかし、こと女性の多いチームにおいてはどのように伝えるか、配慮が必要です。それがないと、チームのなかに無用なあつれきを生み出し、褒めた職員だけでなく、周囲もダメにしてしまうことになりかねません。

ココを読んでみよう！

第3章　3　チームのよい関係性が部下の背中を押す
　　　　5　両立支援は個人の課題ではない
　　　　6　子どものいない女性を忘れるな
　　　10　ロールモデル候補をつぶさない
第4章　2　関係性を育てるコミュニケーション

5 女性上司なら大丈夫だと思ったのに

第 **1** 章　女性の育成　5つのとまどい

　女性管理職がテキパキと部下に指示を出しています。彼女は部下の小田さんを成長させたいという気持ちがあるのでしょう。昔自分自身が上司に鍛えられたときの経験を思い出して接していました。ところが、小田さんは自分ができないという気持ちになって退職届を出してきてしまいました。

　最近の女性活躍推進施策以前に管理職になった女性の方から「女性同士の育成やマネジメントは難しい」というお悩みを聞くことがあります。彼女たちは女性の管理職登用のハードルがいまよりもずっと高かった時代の人です。そこで管理職になっている方は男性のなかでかなり揉まれてきたはずです。しかし、昨今は考え方が変わっています。女性管理職だからこそ、配慮しておきたいことがあるのです。

▎ココを読んでみよう！

第3章　11　女性上司の落とし穴
第4章　2　関係性を育てるコミュニケーション
　　　　3　「女性だから」の思い込みをはずそう〜DiSCを知る

第2章

女性のココを育てよう

1 「リーダーシップ」をブレイクダウン

　現在多くの組織が女性のスキルアップを支援しています。最も顕著なのが研修の増加です。女性管理職向け、管理職候補向け、一般の女性職員向けだけでなく、女性をマネジメントする立場の管理職向けの研修など、いろいろなものが実施されています。

　女性職員対象の場合、研修で出会う多くの受講生の方が「自分に求められている」と認識しているのが「リーダーシップの発揮」です。研修の目的や内容にも、「リーダーシップ」という文言は必ずといっていいほど入れられています。

　ところが、「それでは、リーダーシップの発揮のためには、皆さんはどうしたらよいでしょうか？」と問いを投げてみると、空気がフリーズします。そして、しばらくした後に出てくる言葉が「後輩指導」です。

　たしかに後輩指導もリーダーシップ発揮の１つです。しかし、その言葉から認識されているのは「業務を教えること」であることがほとんどです。ただし、すでにほとんどの人が業務を教えることは現場ではやってきているので、「それ以上何をやればよいのかわからない」というのが本音のようです。

　そういうなかで「リーダーシップを発揮して」と言われているため、不安を覚えているケースが多いのです。「何か得体の知れないものを身につけることを期待されている」「おそらく大変なものを担わなければならない」と不安はどんどん大きくなります。周りの忙しそうな管理職を目にしていたりすると、「管理職になりたくない」という意識も育つでしょう。実際、指令型の女性管理職養成研

修では、参加すること自体が大きなプレッシャーとなっている人も多いのです。

　加えて、これから上の立場になっていくうえで何をスキルアップすればよいのかも理解されていません。業務知識や業務のスキルを上げていくことはどのような立場であっても必要なものですが、管理職になる女性を育てていくためにはそれだけでは不十分です。

　実際「リーダーシップ」の概念は非常に曖昧です。

　『ブリタニカ国際大百科事典［小項目版］』（ロゴヴィスタ）によると、「集団の目標や内部の構造の維持のため、成員が自発的に集団活動に参与し、これらを達成するように導いていくための機能」とされています。

　しかしながら、その時点でその人が求められるリーダーシップの中身はケースバイケース。職場によってかなり異なります。まず女性職員が担うであろうミドルマネジメントに期待する「リーダーシップ」は現在の職場では具体的に何なのかを認識させる、できれば上司がブレイクダウンして部下に伝える必要があるのです。

　部下にリーダーシップを期待する場合、まず「上司自身がその中身を伝えられること」そして「部下が日々の業務を通じて何を習得すればよいのか理解できること」が必要、つまり具体的にブレイクダウンして伝えられなければなりません。もし、上司にもそれがよくわからないのであれば、部下と話し合い、「いまの職場の生産性を高めるためのリーダーシップは何か」「そのために部下が習得すべきことは何か」をしっかり共有していく必要があります。

　「活躍」を急に期待されている女性たちに「無用な不安」を少しでも減らしチャレンジしやすくしていきたいものです。

2 リーダーシップがない人はいない

　活躍してほしいと期待している女性の部下に「私にはリーダーシップがないので管理職なんて無理です」と言われたことはないでしょうか。私自身も女性管理職養成のための研修の参加者が「リーダーシップがない」と言う場面によく出会います。彼女たちには本当にリーダーシップがないのでしょうか？

　問題は「リーダーシップ」のとらえ方です。多くの人がイメージしているのは「集団のトップにいる」「メンバーをまとめ引っ張っていく」「声が大きい」「迫力がある」といったリーダーシップ像です。たしかにこれはリーダーシップの１つのスタイルです。しかし、リーダーシップには他のスタイルもあります。

　まず、多くの人がイメージしているリーダーシップは「カリスマ型のリーダーシップ」です。これは、トレーニングすれば誰でも身につけられるリーダーシップというよりは、もともともっているケースが多いのではないでしょうか。外に向けてアプローチすると、失敗したり批判されたりすることも多いはずですが、カリスマ型の方はそれでもヘコたれません。多くの職員はその様子をみて、「ああいうふうになりたいと思ってもできない」と感じ、「私にはリーダーシップがない」と思ってしまうのです。

　しかし、昨今は「サーバントリーダーシップ」が提唱されています。サーバントリーダーシップは「奉仕するリーダーシップ」で、「時に方向を指し示して導き、どうすればメンバーがもてる力を十分に発揮できるかを考え、そのための環境を整えることが必要となる。まずは『奉仕する』気持ちが先に立ち、『そのために導く』と

第2章　女性のココを育てよう

カリスマ型リーダーシップ　　サーバントリーダーシップ

NPO法人日本サーバント・リーダーシップ協会HPより筆者作成

いう順番で考える」(『[新版] グロービスMBAリーダーシップ』(ダイヤモンド社)より引用)というものです。トップダウンでのマネジメントの限界がいわれていて、どの組織、どの現場も、当事者意識をもって仕事に関わることが必要になっている現在に求められているリーダーシップのスタイルです。

つまり、変化が激しく、さまざまな事柄が複雑にからみあっている現在の状況では、リーダー1人がチームを引っ張るというかたちでは対応することが難しくなってきています。そこでチーム自体(メンバー)が自主的に考えて動いていくことが求められています。リーダーがメンバーが強みを発揮して動きやすいように集団を支援しながら動かしていくというイメージです。

NPO法人日本サーバント・リーダーシップ協会によると、「『リーダーである人は、まず相手に奉仕し、その後相手を導くものであ

る』というロバート・グリーンリーフ（1904-1990）によって提唱されたリーダーシップ哲学である」とされています。つまり、カリスマ型のように周囲を支配するのではなく、支援して動かしていくものということです。

加えて、同協会からは、サーバントリーダーシップの「10の特性」が以下のように示されています。

〈10の特性〉

①**傾聴**……相手が望んでいることを聞き出すために、まずは話をしっかり聞き、どうすれば役に立てるかを考える。また自分の内なる声に対しても耳を傾ける。

②**共感**……相手の立場に立って相手の気持ちを理解する。人は不完全であることを前提に立ち相手をどんなときも受け入れる。

③**癒し**……相手の心を無傷の状態にして、本来の力を取り戻させる。組織や手段においては、欠けている力を補い合えるようにする。

④**気づき**……鋭敏な知覚により、物事をありのままにみる。自分に対しても相手に対しても気づきを得ることができる。相手に気づきを与えることができる。

⑤**納得**……相手とコンセンサスを得ながら納得を促すことができる。権限に依らず、服従を強要しない。

⑥**概念化**……大きな夢やビジョナリーなコンセプトをもち、それを相手に伝えることができる。

⑦**先見力**……現在の出来事を過去の出来事と照らし合わせ、そこから直感的に将来の出来事を予想できる。

> ⑧執事役……自分が利益を得ることよりも、相手に利益を与えることに喜びを感じる。一歩引くことを心得ている。
> ⑨人々の成長への関与……仲間の成長を促すことに深くコミットしている。1人ひとりが秘めている力や価値に気づいている。
> ⑩コミュニティづくり……愛情と癒やしで満ちていて、人々が大きく成長できるコミュニティを創り出す。

NPO法人日本サーバント・リーダーシップ協会HPより引用

　この特性をみてみると、女性に備わっていると考えられるものが多いことに気づきます。「①傾聴」「②共感」「③癒し」「⑧執事役」「⑨人々の成長への関与」「⑩コミュニティづくり」は得意とする女性が多いのではないでしょうか。これは、そのまま現場で女性のリーダーに期待していることと似ていることでしょう。

　研修で参加者にサーバントリーダーシップというかたちがあることを伝えると、大概「自分たちにも発揮できるリーダーシップのかたちがあるんですね」と安心し、「それならやれるかもしれない」と自信をもちはじめます。現場ではサーバントリーダーシップの発揮を求められる場面が多いはずです。リーダーシップがない人はいないのです。

3 「一歩出たくない」は確かに存在する

「管理職なんてとてもとても」「係長の器じゃないので」という女性部下の言葉。「期待しているのに」「彼女ならできるのに」あるいは「面談で『頑張りたい』と言っていたのに」と、その言動が理解できないと思う上司も多いのではないでしょうか。これにはいくつか理由があります。

まず最初は、周りから一段上に上がることを回避する傾向です。心理学者のホーナーは「成功恐怖理論」(1968) を提唱しています。これは、「能力の高い女性が達成課題を前にして不安感情や遂行低下を示す」というものです。つまり、女性は成功に対して不安を感じて回避する傾向にあるといわれています。ただし、これは伝統的な女性の役割の認識や周りからの見られ方も影響しているといわれており、社会的に女性が活躍することが珍しいことではなくなっているいまの時代では、それほど影響は受けないという説もあります。しかし、私自身は、成功することによる周囲の目を気にして一歩踏み出すことを躊躇するケースが確かにあることを、金融機関の女性たちから感じています。

次にあるのが「ランクの発生」と「孤独への恐怖」です。役割が上がると変わるのが仲間との関係性です。これまでフラットな関係であったのに、たとえわずかであっても上下の関係性が出てきます。この「上下」のことを「ランク」といいます。このランクの発生により関係性が変化します。この変化とともに、お互いこれまで話せていたことが話せなくなったり、いつも参加していた食事会に声がかからなくなったりします。ここで感じるのが「寂しさ」そし

第 2 章　女性のココを育てよう

て「孤独感」です。
　こういったことは上司にも経験があるのではないでしょうか。誰しも上になればなるほど、組織のなかでは孤独になっていくものです。もちろんこれは超えていかなければならない壁ではありますが、仲間意識が強く、いろいろなことを一緒にやってきた女性にとっては特にきついものです。共感したり孤独感の乗り越え方を伝えたりしつつ、彼女たちを上位者の仲間に引き入れていきたいものです。

4 強化するのは「業務力」ではなく「仕事力」

　金融機関の仕事は事務処理能力、各種知識などが備わっていないとまず成り立ちません。

　営業店の職員の事務処理能力の素晴らしさに感嘆することはよくあります。私は現在人材育成の業界にいますが、銀行勤務経験が14年あり、その間に鍛えられ習得した事務処理能力は非常に価値のあるものと感じることも少なくありません。

　最近、管理職一歩手前の役職（主任、係長等）に任命されて悩んでいる女性職員によく出会います。「主任としてどう振る舞ったらよいのかわからない」「何も役割がなかったときのほうが仕事に集中できた」など。本章の1「『リーダーシップ』をブレイクダウン」でも述べたように、いわゆる「ジョブ・ディスクリプション（職務の内容や責任）」が明確でないことが問題であることは間違いありません。そして、「業務ができる」＝「仕事ができる」という思い違いから何の橋渡しもなく主任や係長に任命されてしまっているケースも多いのです。「営業成績がトップの職員を主任へ」「事務処理能力、知識が素晴らしく生き字引のような職員を係長に」というケースです。

　もちろん、上位の立場の人が「営業能力に優れている」「知識がある」「事務処理ができる」には超したことがありません。しかし、上位職に求められるのは、その他のことであり、もし営業能力、知識、事務処理が最上位でなかった場合は、得意な後輩を動かしていけばよいのです。まったく営業ができない人がチームをまとめる立場になるというのは難しいですが、営業力トップを求め続けられる

第 2 章　女性のココを育てよう

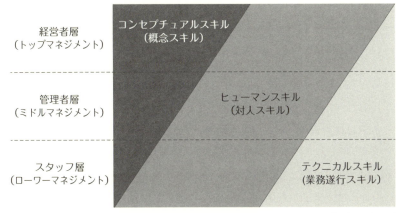

ロバート・カッツ

ものではありません。むしろ営業力トップが自らのチームから生まれるようにしてほしいのです。

　上図をみてみましょう。カッツモデルといわれているもので、1955年にハーバード大学教授ロバート・カッツが提唱したモデルです。ローワーマネジメント、ミドルマネジメント、トップマネジメントで求められるスキル（テクニカルスキル、ヒューマンスキル、コンセプチュアルスキル）について示されています。

テクニカルスキル
　業務遂行の能力。事務処理、知識などがこれに当たる。

ヒューマンスキル
　対人能力のこと。コミュニケーション能力、人との関係づくりなどが含まれる。

コンセプチュアルスキル
　概念スキルのことで、物事を判断する能力。

マネジメントに求められる3つのスキルは、立場が上がるごとに比率が変化しています。ローワーマネジメントではプレイングマネージャーであるケースも多く、テクニカルスキル（業務遂行スキル）の比率が高くなります。ミドルマネジメント、トップマネジメントになると、テクニカルスキル（業務遂行スキル）の比率が下がり、逆にコンセプチュアルスキル（概念スキル）の比率が高くなっていきます。つまり、立場が上がるにつれ求められるのは、自分自身で業務を遂行することではなく部下に任せ、その部下が業務を遂行できるようにしていくことだということです。

　そこで必要とされるのがヒューマンスキル（対人スキル）です。部下やチームがよい仕事をしてくれるように働きかけるためにはこのスキルが欠かせません。また、能力を発揮できるよいチームワークをリーダーとして促していくためにもこのヒューマンスキル（対人スキル）が必要です。また、リーダーとしてではなく、チームの一員として　チームワークをよくしていくにもこのスキルが必要となります。ですから、ヒューマンスキル（対人スキル）はいかなるレベルのマネジメントでも求められているのです。

　さて、管理職に向けた女性の育成で必要なのは業務力ではなく、リーダーになっていくためのヒューマンスキル（対人スキル）とコンセプチュアルスキル（概念スキル）、つまり仕事力です。頑張れと期待されている女性たちのなかには、このことが認識されておらず、「よりいっそう数字を上げなければ」「知識をつけなければ」と思い込んでいたり、現状数字が思うように上がっておらず「リーダーとしてふさわしくない」（成果）と悩んだりしていることがあります。もちろん数字（成果）や知識も大切です。しかしながら、リ

ーダーとしては、自分自身が成長するだけではなく部下も含めたチームを成長させることが求められていることなのだということを明確に伝えておく必要があります。

　また、部下、チームという視点をもつにつれて、判断しなければならない課題の難しさや複雑さも増してきます。そのことを踏まえ、コンセプチュアルスキル（概念スキル）の向上を意識した指導を丁寧に行っていきたいものです。

Column

● ダイバーシティ＝女性の活用？ ●

「ウーマノミクス」という言葉が広まる前までは、女性活躍推進のことを語る際には「ダイバーシティ」という言葉が使われていました。ダイバーシティとは「多様性」というのが言葉の意味ですが、「違いを尊重して受け入れ積極的に活かす」という経営の概念のことをいっています。

ダイバーシティについてはアメリカでの議論が最初です。多様な人種、多様な価値観が混在する状況で組織運営をどのようにすれば効果的なのか、さまざまな試みがなされてきました。その流れのなかで1990年代から提唱されたのが「ダイバーシティ」です。日本でも2000年代前半に多くの企業がこの考え方を取り入れた動きを始めました。

ダイバーシティは生物学的な性別だけでなく、年齢、人種、宗教、民族、ジェンダーなどを対象にしているものですが、日本ではまず「性別」上のマイノリティとされがちな「女性」に焦点が当たり、いまに至っています。

「女性活躍推進」という言葉が前面に出ることにより、「ダイバーシティ＝女性」というイメージが広まりつつありますが、本来は「男性も女性もいきいきと働き強みを発揮していく組織（社会）となる」ことがその目標で、現在はそのプロセスの途上です。あまりにも「女性」という部分だけが強調されてしまうことで、弊害も少しずつ出はじめています。本書でも触れていますが、「女性昇進支援」「ワーキングマザーの育児支援」だけになってしまうと、対象でない人々の不満が必ず出てきてチーム力が低下してしまうことになります。注目される方も、されない方も力が発揮されません。

目的はあくまで「多様な強みをチームに活かすこと」だということを皆が共有して「女性活躍推進」を進めていきたいものです。

5 雌鳥型を卒業させよう

「教えてやらせるよりも自分がやったほうが速いので、自分でやってしまう」

「私が休むと仕事が回らないので休みがとれない」

こんな女性リーダーはいないでしょうか？　この方は「雌鳥型」の可能性があります。

私が入行した銀行はその当時では「女性活用（「活躍」ではありません）を積極的に行っている」といわれていて、女性管理職や係長クラスの管理職候補が珍しくありませんでした。

ある女性上司と一緒に働いたときのことです。プレイングマネージャーだった彼女は前向きでアネゴ肌の人でした。私たち部下が困っているのをいち早く気づいてくれて声をかけてくれます。また、業務にも精通しているため安心して仕事ができ、他のチームの同僚に「女性の上司は細やかでいいね」とうらやましがられたものでした。

しかし、気になっていたことがありました。部下である私たちが帰るとき、彼女のInボックス（未決箱）のなかに常にたくさんの書類が残っていることです。いつも「お疲れさま」と笑顔で送り出してくれるのですが、「上司は何時頃帰るのだろう？」と部下の私たちは心配もしていました。なぜなら、徐々にやつれていっていることが周りもわかっていたからです。しばらくして、この上司は体調を崩し、休むことが多くなり、結局別の男性の上司が代わりに異動してきました。

途端に私たちは窮屈になりました。なぜなら以前より気を引き締めて働かなければならなかったからです。女性の上司は一緒に働きやすい人でした。なぜなら本来私たちがやらなければならない面倒くさいことは彼女が引き受けてくれたからです。私たちはすっかり甘えてしまっていたのでした。おそらく彼女のマネージャーとしての評価は高くなったのではないでしょうか。

　このエピソードは少し前の時代でのことですが、このように仕事を抱え込んでしまう、いわゆる「雌鳥型」の女性は現在でも少なくありません。特に金融機関で働く女性は、誠実かつ周りのことを思いやり、「和」を大切にする傾向にあります。ですから「仕事を振ってこれ以上忙しくなるのはかわいそう」と思ってしまうケースも少なくありません。自分自身がその立場を経験しているのでなおさらそうなるのでしょう。周囲との人間関係が壊れてしまうのではという恐れもそれに輪をかけてしまいます。

　さらに悪いことに、テクニカルスキル（業務遂行スキル）に優れている女性なので、自分でやろうとすればできてしまう、そのうえ、業務の質が高いので、周囲もその状態をよしとしてしまいます。結局、さまざまな煩わしさを克服するよりは「自分でやってしまったほうが楽」という仕事の仕方が習慣化してしまいます。

　雌鳥型に陥らないためには、女性の意識のシフトチェンジが求められ、上司がその支援をしていく必要があります。雌鳥型を卒業できなければ、より上位の立場になることはできません。いかにこのステージを乗り越えることができるかが、本人の今後にかかってくるのです。

6 女性に担当できない業務はない

　女性管理職登用が推奨されているにもかかわらず女性支店長が少ない理由の1つに「女性にはリテール店しか任せられない」というものがあります。女性は法人融資の経験がないため、ホールセールの支店は担当させにくいと。これまでも女性が営業の第一線に出ていく機会が増してきていました。しかし「女性は預かり資産／個人向けローン」「男性は法人融資」という枠組みを超えることがなかなかできていませんでした。

　昨今は女性にも法人融資を担当させていこうという動きが進んできており、早いうちから融資部門に配属される女性職員が増えてきました。法人融資を担当している女性職員についての評判を時々耳にしますが、女性だからという理由でなんらかのさしつかえが発生しているという話はほとんどありません。

　通常の銀行業務において、女性に担当できないものはありません。法人融資となると経営や財務の知識が必要になりますし、個人向けの仕事よりも金額が大きくなる分、分析力・判断力が求められます。しかし、これらは男女に能力差はありません。そして、何よりも社会環境や意識の変化によって、お客様が「男性でなければ困る」という考えではなくなってきています。

　他業種でも女性の活躍は進んでいます。2000年代半ばぐらいに、建設関係の億単位の案件の営業を女性が担当している様子がTVで放映されていました。そのときはまだ「女性なのに頑張っている」というトーンでの報道でしたが、現在はそのような女性が取り上げられていたとしても、もう「女性なのにすごい」というトーンでは

ありません。昨今はすでに男女ともがいかなる仕事にも取り組めるようになっているのです。同じように「女性なのに法人融資を担当していてすごい」などと世の中は思わないでしょう。

　そうはいっても、まだ女性融資担当者は少数です。今後一人前の融資担当者がどれだけ育つかは金融機関における女性活躍推進への取り組み方にかかってきます。個人向け外訪担当も以前は男性のみの職種でした。「女性にお金をもたせて外を歩かせるのは危険」「女性が車を運転して営業していて事故になったら……」などと言われていましたが、現在はどこの金融機関でも女性外訪がいるのはごくごく当たり前です。

　女性に任せられない仕事はない。これを肝に銘じ、女性法人融資担当者を育成していきたいものです。

7 「女性脳」は神様からのギフト

「女性は泣くからやりにくい」

「プロセスからダラダラ話されて何を言いたいのかわからない。結論を先に言えと指導しているのに……」

「起こった事実について話しているのに、だんだん感情的になって違う話になるんだよね」

仕事を遂行するうえでの「能力」に差がないということについては納得する人が多くなりました。しかし、上司からすると、実際にはこういったやりにくさが存在しているといいます。これらは特性の違いによるもので、女性は男性よりも感情のスイッチが入りやすいといわれています。

この根拠には諸説あります。心理学的な「母性」「父性」という考え方もありますし、医学的にホルモンの作用として説明しているものもあります。ここでは脳科学における男女の脳の構造や働きの違いに触れていきます。

脳には左脳と右脳があります。左脳は論理脳といわれていて、分析、論理、言語などをつかさどります。一方、右脳は感情脳といわれています。空間、感情、知覚、ひらめき、イメージなどをつかさどります。

次頁のイラストをみてください。右脳と左脳をつなぐ脳梁があります。この脳梁に男女の違いがあるのです。脳梁は男性より女性のほうが太いのです。そのため、右脳と左脳の情報の行き来がしやすくなります。

情報の伝達にも違いがあります。2013年にペンシルベニア大学の

脳梁の太さの違い

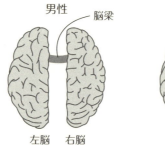
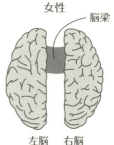

情報伝達の仕方の違い

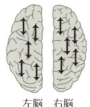

　研究チームの発表で、脳の神経細胞は男性では、左脳・右脳内で縦方向に情報を伝達すること、女性では、左脳と右脳をまたいで横方向に情報伝達を速く強くすることを発表しました。

　業務に関することを考えるとき、主に使うのは論理脳である左脳です。男性の場合は左脳を働かせて論理的でいられるのですが、女性の場合は左脳だけでなく右脳ともやりとりしてしまう。女性が男性よりも一度に複数のことを段取りよくできるのはこの作用といえましょう。ただし、論理と同時に感情も動いてしまうことになります。

女性が仕事中に泣くのはこの作用が起きていて、さほど「特別なこと」ではありません。一方、仕事中には感情をシャットアウトできる男性にとっては「泣くこと」は大事（おおごと）であるため、ギャップが生じます。

　また、私の研修では参加者の方に発言して頂くことが多いのですが、話しているうちに感情が乗って主旨からどんどん外れていってしまう人がいます。この比率は圧倒的に女性のほうが高いと感じています。これはまさに両方の脳が働いている状況なのでしょう。しかし、上司であれば「何が言いたいの？」「報告は結論から！」と言いたくなることは確実です。

　それでは、この特性のメリットについて考えてみましょう。

　論理と感情を両方動かすことによってできることは仕事の場における感情認知、つまり共感です。事実を認識しながら心を動かし相手に寄り添うことができます。本章の２「リーダーシップがない人はいない」で述べているサーバントリーダーシップの特性のうち、「傾聴」「共感」は、まさに左脳と右脳、つまり「頭」と「心」両方を働かせることが必要です。

　また、４「強化するのは『業務力』ではなく『仕事力』」で取り上げたヒューマンスキルですが、対人スキルにおいては、まさに「頭」だけではなく「心」が必要となってきます。チームをまとめ導くとき、上司とのやりとり、お客様と接するとき、すべてにおいて「頭」と「心」両方を同時に使える「女性脳」は大きな強みなのです。

　課題はそのコントロール。政治家、上場企業の経営者などの要職にある女性がこのコントロールができずに時に誤った判断をし、なかには失職してしまうケースがあります。感情を働かせてよいケー

ス、悪いケースを本人が認識しておくこと、そしてそのコントロール方法を身につけること、これがその後の成長ができるかどうかの分岐点となっていきます。
　「女性脳」は神様からのギフトです。本人も周囲もよさを活かしていきたいものです。

8 調整力を伸ばすとあなたの仕事も楽になる

「頭」と「心」、両方を同時に使える女性リーダーに磨いてもらいたいスキルが調整力です。

上の方針を理解しながらブレイクダウンしてチームを導いたり、チームの内情を把握して他部署や上と交渉したり、といったことを女性リーダーが担ってくれたら上司の仕事はどうなるでしょうか?

以前一緒に仕事をしたメンバーに銀行の管理職経験者の女性Aさんがいました。Aさんは年齢的に先輩でもあり、教えてもらったことはたくさんありました。なかでも驚いたのが彼女の調整力。どう考えても、「到底相手には受け入れてもらえないだろう」と思えることや「トラブルにつながりそうなこと」をいつも上手にまとめてしまうのです。

女性のなかには「女らしさ」を前面に出して調整する人もいます。しかし、Aさんはそういうタイプとは違い「女らしさ」で仕事をするわけではありませんでした。

あるとき私がプロジェクトの関係者に対しある要望を伝えたことがありました。こちらとしては至極まっとうなものと思っていましたので、簡単にYesと言ってくれるものと思っていました。しかし、結果は失敗。おそらく伝え方も悪かったのでしょう。相手の方が感情を害してしまってその後協力が得られなくなるという状況になってしまいました。そのとき、見かねたAさんが相手の方とコミュニケーションをとってくれ、結果的に丸くおさまったのです。

そのときAさんに指導されたことは、「どんなときでも相手の立場、気持ちを考える」「100%こちらが正しいと思ってもそれを押し

つけたら反発される。こちらが要望するかわりに相手にプラスになることをこちらも受け入れる」でした。そのときのAさんの言葉は、その後私が仕事をするうえでどれほど役に立ったか計りしれません。

　Aさんは銀行においても優秀な管理職で、彼女の能力を買っていた上位者、慕っている部下や後輩が男女にかかわらず大勢いました。ただ、いまのように女性を活躍させようという時代ではありませんでしたので、それ以上の役割は与えられませんでしたが、現在であればおそらく支店長候補となっていたのではないでしょうか。

　その後何十年も仕事をしてきていますが、出会う優秀な女性たちは皆さん、この「調整」が上手です。もちろん業務自体の調整も上手ですが、それに絡む人との調整力が優れていて、これはそのままリーダーシップの発揮にもつながっています。ここは前項で述べた女性ならではの共感力が生かされます。それに加え、女性が得意とする「空気を読む」力も大いに効果があるでしょう。

　「女性は少々思いきったことを言っても許される」と、ある大手企業の役員の方が役員会で男性が言いにくいことを、女性役員がズバズバ意見として述べることについて話していました。たしかに、現在は要職に女性が少ないですから、まだそういった効果があるでしょう。しかし、今後、女性活躍推進が進み、役員会に女性が参加することがそう珍しくなくなると、あまり評価されなくなると予想されます。今後は女性の強みを生かした調整力こそ育てていきたいものです。そして、部下が調整力を高めることは管理職としての上司のリーダーシップ発揮を強力に補ってくれることにもなるのです。

9 帽子の被りかえ方を伝授しよう

「いままで仲間として接していたので、上司と部下という接し方がどうしてもできません」。昇格研修で、主任になった女性からの訴えです。これを聞いて、うんうんとうなずいた女性がたくさんいました。

女性のリーダーへの昇格者の多くは、それによって職場が変わるわけではありません。なかには「表面的には担当業務が変わらない」というケースもあります。すると、これまで「仲間」として仲良くして、上司や職場への不満などを言い合ってきていたグループの一員から、一段上の立場へ切り替えにくいというのです。

女性は職場でうまくやっていくために「周囲と仲良くする」ということを特に大事にしています。ですから昇格により自分自身の立場が変わることで、そのグループに居場所がなくなることをおそれています。

人がなんらかの集団に属するときは、なんらかの役割を担うのですが、その役割に**外的役割**と**内的役割**の2種類があります。**外的役割**というのは、外に共有されている表面的なもので、「課長」「代理」「主任」などはこれに当たります。一方、**内的役割**というものは、組織から与えられているわけではなく、その集団のなかで自然と担う役割です。たとえば、「相談役」「甘え役」「しきり役」「わがままを言う役」「重箱の隅をつつく役」「最初に口火を切る役」などです。活躍が期待される女性職員は「お姉さん役」や「相談役」といった**内的役割**を担っていることが多いのではないでしょうか。

そこで、昇格時に起こるのが、**内的役割**を果たせなくなることへ

の困惑です。たとえば、主任になるということは、これまでどおりの「一緒に文句を言い合う役」は担えなくなるかもしれません。上位者に上がっていくということは少しずつ「組織側」の立場も担うことになり、上司の視点に近づいていきます。しかし、「共感するお姉さん役」であれば、時には「仲間」としての役も担うことができるのではないでしょうか。

　これは帽子にたとえるともう少しわかりやすくなります。私は1対1のコーチングも仕事にしています。コーチングのときは基本的にクライアントの話を評価判断せずに聴いていきます。コーチは聴く人、クライアントは話す人という関係性です。しかし、時にこの関係性にもう1つ加わるときがあります。別の仕事のプロジェクトで一緒にやっていたり、時にはともに学ぶ仲間であったりするケースです。すると、コーチング以外のときも「聴く人」「話す人」であるわけにはいきません。

　そんなときは帽子を被りかえることで対処します。コーチングの最中私は「コーチの帽子」を被りますが、それが終了すると「学ぶ仲間の帽子」に被りかえます。自分1人でやるのではなく、相手に「コーチの帽子を脱ぎますね」と宣言します（これが重要です。これを言わないと、「コーチングなのに聴いてもらえない」となってしまいます）。そして、相手に意見を言ったり、ディスカッションしたりするのです。

　これは男性も立場が上がるときに同様の経験をしているはずです。私も上司（男性）に「これは上司としてではなく一緒に働く仲間として言いたいのだけど」という前置きで話をされたことが何度かありました。

　昇格するといきなり「主任と後輩として」「上司と部下として」

第 2 章　女性のココを育てよう

という関係で100％いなければならないと考えてしまいがちですが、このように**外的役割**、**内的役割**の帽子を用意しておいて被りかえるということでよいのです。時間の流れとともに、**内的役割**が適切なかたちに調整されていきます。「お姉さん役」がずっと続くかもしれませんし、「お姉さん」はそのうち他の人が役割を担い、「見守り役」になっていくかもしれません。

　帽子を被ったり脱いだりして役割をかえていくコツを身につけさせることができれば、もっと自然にリーダーとなっていくことができるでしょう。

10 言葉の「漢字変換」が部下のランクを高める

　知り合いのMさんはコンサルタントとして大活躍中の女性です。前職で金融機関の管理職となった30代にビジネススクールに通ってMBA（経営学修士）を取得しています。なぜビジネススクールに通おうと思ったかという理由が「上位者の男性たちと同じ言葉で話せるようになりたかった」というものでした。たしかに、立場が上になって組織内の上位者や経営者の話すレベルについていけなければ、対等に仕事をするどころか仲間にも入れてもらえないでしょう。Mさんはこの点をまず克服しようとしたようでしたが、結果的にこれは非常に効果的なスキルアップとなりました。

　女性同士で仕事をしているとき、男性と一緒に仕事をしているとき、感じるのが言語の違いです。同じ内容でも、女性同士だと平易な言葉でわかりやすく伝え合うのに比べ、男性だと理解するのが難しい言葉で話されていると感じることがあります。平たくいうと、女性同士だと「ひらがな」、男性同士だと「漢字」というイメージです。「ひらがな」と「漢字」というわけではなく、たとえば「話し合い」→「議論」、「決める」→「意思決定」、「…となって…となって」→「プロセス」「経緯」といったものです。「前向き」を「建設的」と言い換えたり、「自分で」を「主体的に」などと言い換えていくことも時には必要です。

　こういった語彙に慣れていくことも、女性が役割の階段を上っていくうえで大事なことなのです。「お客様には専門用語を使わずにわかりやすく」と、セールスの際は「わかりやすさ」に力を入れて「漢字」を「ひらがな」にするトレーニングを受けてきている人が

多いと思われますが、組織のなかでは時には逆に男性たちが使う言葉を取り入れて語るということも必要となってきます。また、女性の業務範囲が広がっていくと、法人の財務担当者やさまざまな年代の経営者と対等なビジネスマンとしてやりとりしていくことが求められていきます。

　言葉というのは「ランク（立場の上下）」を瞬間的に示していきます。性別、肩書きなど属性だけでなく、使う言葉によっても瞬間的にランクづけをしていきます。話す内容がいくらよくても使う言葉によってランクが低められてしまうことはもったいないことです。女性部下の語彙を増やしていくことも、上司が働きかけることで可能です。

11 ロジカルシンキング、ロジカルスピーキングは日々の積み重ね

　人の心をつかむ話し方として「ストーリーテリング」が注目されています。ロジックだけを伝えるのではなく、それにまつわる「自分のストーリー」や「私たちのストーリー」を語り、共感を生みだして相手を動かしていくというものです。たしかに、徐々に心から納得することで、頭も感情も納得することができます。アメリカでは大統領選などでもその手法が使われているといわれています。

　女性はストーリーを語るのが得意です。しかし、それが時には逆効果になります。ある企業の株主総会に出席しました。質疑応答の時間に女性株主が話しだしました。「広告宣伝費についての質問です」と。その後、「貴社がスポンサーになっている○○という番組があります」と、話は迷走しはじめました。ここで、私は「その広告宣伝の金額についての質問か？」と思ったのでした。ところが、違ったのです。

　「先日、皇居の勤労奉仕に行きました」と話が展開していきます。皇居の勤労奉仕というのは、ボランティアで皇居内の庭の掃除をするという活動です。「そこで陛下にお目に掛かり……」と話は続きます。勤労奉仕をすると、最後に皇室の方とお目にかかれるのです。

　「そのつましさに感銘を受けた」とのこと。その方は心から感動したようで情感たっぷりです。しかし、聞いていた私はもうここで何がなんだかわからなくなりました。

　その後「その素晴らしい皇室について○○という番組は批判をしている」と話が続いていきました。ここでようやく何を訴えたいの

かがわかってきました。要するに「その番組のスポンサーにならないでほしい」ということだったのです。その企業の経営陣は質問が終わるまで、何かに耐えているような表情をしていました。これでは、経営陣を動かすことはできません。最初に「スポンサーになっている番組についての意見です」と結論を述べ、次に根拠を述べていたら、もしかしたら検討事項になったかもしれません。

　このような場面に出会うことはないでしょうか。私の研修では最後に感想を述べてもらうことが多いのですが、「1分以内で」と伝えていても、研修の通知が来たときの心の動きから話される方がいます。そうなるとストーリーが研修参加に至ったところで1分は終了となってしまい、肝心の研修の感想をあまりお伺いできません。研修前のネガティブな気持ちがポジティブになったことに対する感動は強く伝わってきますが、少し残念に思う瞬間です。

　本章の7「『女性脳』は神様からのギフト」で男女の脳の構造の違いについて述べましたが、ロジカルスピーキングがうまくできないのはこの構造も1つの要因です。脳梁を伝わって右脳と左脳が両方活性化してしまうため、話しているうちに感情が高ぶってしまい、話が流れてしまったりするわけです。

　想いを伝えていかなければならない場面ではストーリーを話すことは効果的です。お客様との関係づくりにも一役買っているはずです。しかし、組織において女性が上位の役割を目指していくうえでは、ロジカルな考え方や話し方ができないと、さしつかえが出てきます。

　ですから、女性部下に対しては、日頃から「ホウレンソウ（報告・連絡・相談）」や会議での発言のときに「ロジカルに話す」ことを指導していくとよいでしょう。わかりにくく話したりプロセスか

ら話したりしている際には、「要点は何？」「結論から話して」と促し、「まず頭のなかで箇条書きにして組み立てて報告する」「結論→根拠／経緯の順で話す」というアドバイスをしていきましょう。また、「お客様がみんな仰っています」という怪しい前提のときには「みんなというのは何人くらい？」「何かデータはあるの？」などと率直に指摘をすることも効果的です。ロジカルスピーキングをするためにはロジカルシンキングが必要になってきます。ロジカルな考え方や伝え方ができ、ストーリーも語ることができて、かつそれらを適切に使い分けることができるというのは女性ならではの強みとなります。ぜひとも育てていきたいものです。

12 人脈づくりこそ上司の腕のみせどころ

　仕事の質を上げていくためには、本章の4「強化するのは『業務力』ではなく『仕事力』」で触れた、カッツモデルのなかのコンセプチュアルスキル（概念スキル）の向上が欠かせません。広い視野や先見性のある判断力の向上、つまり立場が上がっていくうえで重要になっていくスキルです。

　女性のリーダー候補の方には「上司のような視野の広い判断は私には無理です」と言う方がいます。女性は目の前の物事の判断は比較的得意ですが、さまざまな方向から考え判断するのは難しいと考える人が多いものです。それは、やはり経験の差が大きいのですが、それともう1つ、人脈の差もあるのです。上位者と話すことで、本や研修、日々の業務範囲では学べない大切なことを学んだ経験が誰にでもあるのではないでしょうか。

　女性の場合、同じ年代、同じ職位の知り合いは多く、人間関係をつくるのは上手です。しかし、自分より上の職位の人脈はつくりにくいものです。金融機関の女性の場合は、特に周囲に合わせ飛び抜けて誰かにアプローチするというタイプが少ないので、いっそうつくりにくいと思われます。何かあったときに相談できる上位者、職場を離れて仕事のことを対話させてもらえる上位者の存在は、コンセプチュアルスキルを備えるうえで強力なサポートとなります。

　ある女性リーダーのBさんは主任になったときに上司から「〇〇さんもこれからは人脈を意識しなさい」と言われたのですが、どうしてよいのかわかりませんでした。営業店の普段の仕事ではあまり人脈が広がりません。すると、上司が「自分より上の人とできるだ

け知り合うようにしよう」とアドバイスをくれました。「お客様関係でも、チャンスがあったらできるだけ上の人と話せるように」「他の部署や仕事以外でも上の人とつながることを意識して」ということです。

　そこで、彼女は行内の自主的に参加できる（手あげ式）研修やイベント、それも上位者が参加しそうなものを特に選んで申し込み、積極的に上位者と話すことを意識しました。また、休日も社外のセミナーに参加したりと行動しはじめたのです。

　その状況をみて、上司も次の段階のサポートを始めました。自分自身が、同じ職位の知人と食事に行くときに、彼女に声をかけるなどしてくれたのです。上位者たちと会話することは、彼女の視座を上げることになり、大きな学びとなったようでした。

　それと同時に仕事のスキルもどんどん向上したのでしょう。しばらくぶりに会ったBさんは自信をもったようにみえました。そして、数年後には支店長候補となっていると聞きました。

　人脈づくりのためには「社交」という感覚が必要になります。しかし、機会がないと、「仲間とのおしゃべり」に「社交の会話の技」を会得できないままキャリアを重ねていってしまいます。上位者と話すのは最初は窮屈ですが、それに慣れておかないといつか限界がやってきます。この経験を積むサポートができるのは上司ならではなのです。

第3章

女性リーダーを育てる上司の心得

1 上司の"想い"がなければ部下は育たない

　皆さんは、なぜ女性を育成したいのでしょうか？
「銀行の方針だから」
「人事から管理職を出せと言われているから」
という気持ちではありませんか？　組織の一員として、その方針に従おうとするのは当然です。しかしながら、組織の方針で上司が動くだけでは女性の部下は育ちません。そこには上司の"想い"が必要なのです。

　育成の仕事でさまざまな金融機関にお伺いしていて気づくことがあります。研修の場において私自身が心がけていることは、自分自身の心の姿勢です。私の場合、知識や情報をお伝えするものではなく、参加者の方に自分で気づいて頂く内容のものがほとんどであるため、本気で関わらなければ研修がうまくいきません。特に女性は講師の心の状態について敏感です。

　研修をする際、担当者にお願いすることは「本気で関わって頂きたい」ということです。人事教育部門の方の想いもそのまま受け取るのが女性たちです。講師の私と人事教育部門とが、強い想いをもって臨んだ研修は実に効果が上がるのです。前章の７「共感力の高さは構造の違い」でも述べましたが、相手の感情に気づく力は女性のほうが高そうです。男性の場合はもう少し頭で判断していて想いが直接影響している比率は少ないと考えられます。

　研修にあたって、上司の方に参加者へのメッセージをお願いすることがあります。上司の「成長してほしい」という願いがきっちり伝わると、女性の場合モチベーションが上がります。一方で、表面

的には整っていても想いの感じられないメッセージはすぐに伝わり、効果がない、あるいは逆効果です。女性は行間にある上司の気持ちを感じとる能力が本当に高いと再認識する瞬間です。

メタスキルという考え方があります。これは英語では「Feeling attitude」、つまり「心の姿勢」のことです。相手に対してどのような心の姿勢で臨むかということが、相手の心境に影響を及ぼすということを感じていることが多いのではないでしょうか。

たとえば、セールスのとき、商品知識等に自信がないままにお客様に向き合うと、信頼関係が構築しにくかったり、あるいは「ここでなんとしても成約させなければ」という気持ちがあってセールスをすると、それが伝わってうまくいかなかったりするものです。逆に、成約云々よりも「お客様のために何かできないだろうか」という気持ちでいると、思いのほか成約に結びつきやすい、という経験をしたことがある人は少なくないと思います。

このメタスキルは相手にも、相手との間にある「場」にも影響を与え、いちいち言葉にしなくても本音を伝えるツールともいえます。そして、頭で考えてつくりあげるものではなく、心のなかと向き合ってつくるものです。

つまり、部下に「活躍してもらいたい」という心からの願い、「頑張れ」という本心がなければ相手には伝わりません。上司はまず自分自身に「なぜ部下に育ってほしいのか」「将来この部下にどのようになってもらいたいのか」という問いを投げ、考えてみましょう。

2 あなたのリーダーシップスタイルを押しつけないで！

　女性がリーダーにならなければならないとき、ほしいと思うのが女性のロールモデルです。女性のリーダーが身近にいてロールモデルが見つかる人はよいのですが、そうでない場合は、自分自身がどのように振る舞えばよいのか迷っている女性が多いものです。

　男性同士の上司と部下であれば、上司が自分自身の経験を伝えることで部下にリーダーとしての心得や行動をイメージさせることができます。しかし、部下が女性の場合は男性のリーダーシップとはスタイルが異なっていることも多く、参考にならないことが多いのです。

　ある銀行で管理職を期待され、主任に任命された女性職員Aさんは「もっと厳しく接しないと部下はついてこないぞ」と上司からアドバイスされました。しかし、窓口の後方でこれまでと変わらない仕事をしているなかで、その上司のようにきつい口調で後輩たちに指示をすることがどうしてもできず、自信を失ってしまいました。私がお会いしたときは、「厳しいことが言えない私は主任としてダメなんだと思います」と気落ちしていました。

　Aさんは優しい雰囲気を漂わせたなかに心の強さが感じられる人です。周囲からも信頼されています。決してリーダーとしてダメなわけではありません。ただ、その「出し方」が上司とは異なっているのです。

　第2章の2「リーダーシップがない人はいない」で述べたように、リーダーシップのスタイルはリーダーが強く周囲にアプローチしてぐいぐい引っ張っていく「カリスマ型」だけではありません。

周りをソフトに動かしていく「サーバントリーダーシップ」もあります。第2章の7「『女性脳』は神様からのギフト」で触れた男女の脳の構造の違いから考えても、カリスマ型ではなくサーバントリーダーシップは女性の特性に合っています。

　このことを理解しないまま、カリスマ型のリーダーシップを押しつけても、女性職員は自信を失うばかりです。実際、Aさんに対してサーバントリーダーシップのこと、Aさんが強みを生かすことでリーダーシップは機能するということを伝えると、Aさんは「私でもリーダーとしてやれるかもしれません」と気持ちが前向きになっていきました。

　カリスマ型リーダーシップが悪いというわけではありません。しかし、女性職員たちは「自分が引っ張るためには自分自身が完璧でなければならない」と考えます。加えて、和を重んじて謙虚であることも特徴的です。カリスマ型リーダーシップが可能な職員の割合は、サーバントリーダーシップが可能な職員よりかなり少ないでしょう。

　管理職養成の研修でも、「自分が周囲を引っ張ることができない」と自信を失っているリーダーたちがたくさんいますが、サーバントリーダーシップを伝えると自信を回復していきます。

　上司は自分のやり方を踏襲させようとするのではなく、強みを生かすことと経験の不足からも女性が難しいと感じることが多い、サーバントリーダシップ「10の特性」のうちの⑤納得、⑥概念化、⑦先見力をどのように伸ばしたらよいかに取り組むことをサポートしていきたいものです。

3 チームのよい関係性が部下の背中を押す

「関係性」というのは少しわかりにくい言葉ではありますが、使う場面によって「人間関係」「雰囲気」「空気」「場」とも言い換えられるものです。

人はその場の雰囲気に影響を受けます。たとえば、会議の参加者のなかに否定的な人がいるとまずその場がネガティブモードになるものです。そしてその場から参加者１人ひとりがそれを受けとり「ネガティブな気持ち」になります。つまり、たった１人の参加者のネガティブオーラに全員が影響されてしまうのです。

「職場の人間関係」というと、個々人同士の相性をみてしまいがちですが、肝心なのはチーム全体の関係性です。チームが部下が頑張ろうと思えるポジティブな関係性になっているのかどうかを常に把握している必要があります。

挨拶をしないという部下を責める前に、挨拶がしにくい関係になっているチームを点検する必要がありますし、チームにミスが増えてきた場合には「誰が悪いのか」を探るのでなく「チームの雰囲気はどうなのか」をみていかなければなりません。

マネジメント研修で「問題行動のある特定の部下に困っている」という話が出ることがあります。「本人をどう指導しても改善されない」という場合、一度チームに何か原因がないかという視点をもってみるとよいでしょう。その部下はそのチームにいるから問題のある人になっていて、別のところでは違うことが多いのです。つまり、チームにその人の居場所がなくなっていたり、その人が本音（気持ち）を出せない状況になっていたりということが原因になっ

第3章　女性リーダーを育てる上司の心得

ていることもあります。最もやってはいけないことは、「本人だけが悪い」と上司が決めつけ、常にそういう目でみてしまうことなのです。

　ある営業店の後方事務をやっているチームで、まさにそういうことがありました。中堅行員でそろそろ主任になってもらいたいＡさん（女性）が自分勝手で困る、という相談を上司から受けました。後輩を指導してもらいたいのに、指導せずに自分で全部やってしまいます。結局後輩が育ちません。「Ａさんに後輩育成の大切さを何度も伝えているのに……」と上司は困りはてていました。

　私はその上司に「Ａさんは以前からそうでしたか？」と尋ねたところ、「前は違いました。後輩の面倒見もよく、私ともどうやって新人を一人前にするかと話し合っていたくらい」だったとのこと。次にチームの変化を尋ねました。すると、３カ月前に異動でメンバーが変わったことがわかりました。

　Ａさんより２年後輩のＢさんがメンバーに加わったのです。Ｂさんは仕事をテキパキこなし、社交的で周りを巻き込むタイプ。Ａさんはどちらかというと一歩引いてしまうタイプでした。Ｂさんは当然Ａさんにも気遣いをしているのですが、どうしてもＡさんよりも目立ちます。上司自身もＢさんとのコミュニケーションが増え、ちょっとしたことを相談するのもＢさんになっていました。後輩もＢさんに聞くことが増えてきていると。そうなると、Ａさんのチームでの居場所がなくなっていたことが想像できました。Ｂさんが加わったことで、チームの関係性が変化していたのです。

　そこで、上司に、Ａさんに以前のように業務についての相談をもちかけてみることを提案したのでした。また、チームメンバー全員で、もっと仕事をやりやすくするためにはチームの雰囲気がどのよ

うになったらよいか、という話し合いをもちました。すると、1カ月後のフォロー研修で、Ａさんの問題行動がなくなり、以前のように協力的になったとの報告がありました。上司のＡさんへの対応をみて、Ｂさんはじめ、後輩たちのＡさんへの対応も変わったとのことでした。

　一度チームをつくっても異動や新人の配属、パート職員の採用などでメンバーが入れ替わると、また関係性は変化します。その際個々人の対応だけをやっているとマネジメントがうまくいかないケースは少なくありません。女性は関係性の状況を感じとる力は敏感です。女性がいるチームのマネジメントは「関係性」「場」「雰囲気」「空気」を常にみていくことが重要です。そして、女性がリーダーである場合は「関係性マネジメント」の力を育てていくとよいでしょう。

4 「女性」に対する苦手意識はないか

　3年目の職員Bさん（女性）から相談をもちかけられました。
「上司に男性と同等に扱ってもらえないんです」
　Bさんの職場は支店の融資グループです。同期の男性と同じように支店の仕事を経験し、現在は事業性融資の見習い中で男性の融資担当者のなかで働いています。仕事は男性と同等で教育も同じようにされているといいます。それなのになぜ？　と話を聞いていくと、どうやら言葉遣いが違うらしいのです。上司はBさんだけに「です」「ます」で話すといいます。同期の男性には「〜やっておいて、よろしく」と言うのに、Bさんには「〜やっておいてください」と。その瞬間「あー、あまり期待されていないのかも」と思ったり、「ヘンに気を遣われているな」と感じたりするそうです。

　一方、上司の側はどうかというと、「気づかないうちに女性部下には丁寧語を使っていました」という話を耳にすることがあります。女性部下に対し無意識のうちに言葉遣いを変えている。たとえば、男性部下には「おはよう」「お疲れさま」と声をかけるのに、女性部下には「おはようございます」「お疲れさまでした」と言っている、などです。「特別扱いしようとか男性部下と差別しようと思っているわけでもないのに、ただなんとなく……」というのがその特徴です。

　ここにはジェンダー（社会的文化的性差）の課題が存在しています。頭では男性も女性も同等とわかっていても、育ってきた環境でのジェンダー経験によって無意識のうちに区別をしてしまうのです。「女性の部下が苦手」「女性の上司とは仕事がしにくい」という

男性には、実はジェンダー経験が影響していることも多いのです。

ジェンダー経験は長期間、多岐にわたっています。たとえば、家族構成や家庭内での男女の扱われ方、学校での経験などによって、男女に関する価値観はつくりあげられていくのですが、ここには親や祖父母の価値観、先生たちの価値観も関わってくるので複雑です。

「男性はこうあるべき」「女性はこうあるべき」「母親はこうあるべき」などが気づかないうちに価値観としてかたちづくられています。

「職場の女性を『ちゃん』づけで呼んだり、『お嬢さん』という言い方はしない」

「女性を容姿などで判断しない」

などについては職場では意識されていますが、より深い価値観レベルのものは簡単に変えられるものではありません。

そして、これは男性だけでなく、女性にも存在しています。

私自身にも育った環境が影響していると実感する瞬間があります。私の子ども時代は女性は専業主婦というのが当たり前でした。そして、一家の大黒柱の父は偉く、父にはおかずが一品多いときもある時代でした。「お父さんは一番先にお風呂に入る」「お父さん（男の人）にゴミは出させない」など「お父さん（男の人）には家事はさせない」という母の発言を聞いて育つうちに、ジェンダーが身体のどこかに蓄積されています。昨今は男性が出勤途中にゴミ出しをすることはごく普通のことになっていて、私も頭では納得しています。しかし、その姿をみると心の奥底で何かがチクッと痛みます。母の「男の人にゴミは出させない」という言葉が蘇ってくるのです。これが長い間かけてかたちづくられている価値観なのです。

職場において、男性が無意識のうちにやっている男女の区別は、この価値観が作用していることが多々あります。

　理由なく区別していることはないか？　理由なく苦手意識を感じていることはないか？　以下の「無意識のジェンダーチェック」を参照しながら見直してみましょう。

　もちろん気をつけることが大切ですが、自分自身の価値観がどのようなものなのかを知っておくことも重要です。そして、女性の部下と接する際にその価値観が無意識に出てきてやる気を削いでしまったり成長にブレーキをかけてしまったりということがないようにしていきましょう。

無意識のジェンダーチェック （当てはまるものにチェックしてみましょう）	
☐	言葉遣いを男性と女性で無意識に変えている
☐	女性に大変な仕事を担当させるのは悪い（かわいそう）と思ってしまう
☐	育休明けの女性に重い仕事は申し訳ないと思う
☐	女性に泣かれるのが苦手
☐	女性には仕事上でもやさしさを期待してしまう
☐	男なのだからしっかりしろと思ってしまう
☐	女性が家事をしたほうがうまくいく
☐	お茶は女性に出してもらったほうが心地よい
☐	男性は人前で泣くべきではない

5　両立支援は個人の課題ではない

　女性の活躍を応援するというと、注目されるのが「子育てと仕事の両立」です。女性が出産、育児でキャリアを中断することなく仕事を続けることが国をあげての課題になっていますが、これは組織にとっても重要課題です。金融機関でもさまざまな両立支援の仕組みが拡充しています。しかしながら、運営面ではまだ課題も多く、ここで上司の果たす役割は大きくなっています。そして、すべての女性たちが子育て中の女性への上司の対応を通じて、いまの職場が「子育てと仕事を両立できるところなのかどうか」を関心をもって眺めているのです。

　職場における、子育て中の女性が働くことをサポートしようという雰囲気は、以前に比べて増しています。女性が働きやすくなっていて、現在の育休取得や育休復帰はごく普通になっています。

　それでも、実際子育てをしている女性職員と上司に話を聞くと、難しいことが多いことがわかります。

　女性職員側は、
「時短で帰るのが申し訳ない」
「両立で精いっぱいでそれ以上のスキルアップまで気が回らない」
「頑張ろうと思っているのに『大変だろうから』と役割を与えてもらえない」
「子どもが熱を出して保育園に迎えにいかなければならないことを言いだしにくい」
「仕事を一生懸命やりたいのだけれど、物理的にできないのが悔しい」

「『仕事も育児も一人前でない』と自信をなくしている」
など、「頑張りたいけれど頑張れない」「いたわってくれるのはうれしいけれど、寂しい気持ちもある」という悶々とした状況を抱えている人は少なくありません。話を聞いていると、崖っぷちで落ちないように精いっぱい踏ん張っている様子が感じられる職員が多いようです。

　一方、上司側も難しさを抱えています。大変だろうといういたわりから「負担になるような仕事を与えるのはかわいそう」と過剰に気遣いをしてしまったり、頑張ってほしいという気持ちが前提にありつつも、「100%頑張ってもらえない職員がいるとさしつかえが出る」という本音もあります。

　崖っぷちに踏ん張っている気持ちがなんらかのかたちで崩れてしまうと、女性職員は心身のバランスを崩したり、あるいは「女性支援の制度を都合のよいように使う」という行動になってしまったりすることもあります。そして、そのことは他の職員へ伝わり決してよい結果を生みません。

　組織のシステムのみならず、社会的なシステムもまだ完璧ではなく課題は山積しています。社会の風土も子育て女性たちを全面的に応援しているとはいえず、まだまだ発展途上です。また、女性職員の状況も人それぞれであり、課題も気持ちも個別に異なっています。

　ここで大切なのは、上司がこの女性職員が働き続けることにコミットすることと、関係性をしっかり構築していくことです。残念ながら、正解はありません。また、これは現在子育て中の女性個人だけの課題ではなく、チームや組織全体の課題であり、今後の女性の働き方に影響していく課題です。また、両立支援は子育てだけでは

ありません。すでに発生していて今後大きな課題となると考えられているのが、「介護と仕事の両立」です。「子育てとの両立」については、個人の課題とせずチームの課題として話し合うことを、標準対応としておきたいものです。

Column

● "関係性"の大切さ ●

(MIT教授 ダニエル・キム)

私たちが組織開発の重要性を伝える際によく引用するのがダニエル・キムの成功循環モデルです。「組織の**関係の質**が、**思考の質**、**行動の質**に影響していき、それが**結果の質**に影響する。そしてそれがまた**関係の質**に影響していく」と言っています。

このモデルで思い出すのが、昔勤務していた支店の変化です。あるときの異動で穏やかな人間関係重視の支店長から成果重視の厳しい支店長に変わったのでした。いまほど厳しい数値目標はありませんでしたが、新支店長は成果をあげるべく部下にきつく接しました。営業担当者に対して怒鳴る声が時々聞こえ、みんなピリピリするようになったのです。和やかだった支店の雰囲気は一変し、人間関係もギスギスし、体調を崩す人も出てきました。現場でもミスが増えました。その結果、新支店長になって直近は数値目標を達成したのですが、その後はよいとはいえませんでした。その場にいた実感としては、職場が嫌な雰囲気になって仕事へのモチベーションはかなり下がっていたと記憶しています。

研修で多くの金融機関の現場の方とお会いしますが、「職場の雰囲気や人間関係が悪い」という声は少なくありません。そして、「働いていてもやり甲斐を感じられない」と。しかし、先日お会いしたある女性リーダーの方は、支店の雰囲気を少しでもよくするように後輩とコミュニケーションをとったり、明るく振る舞うことを心がけているということでした。**関係の質**をよくするのは全員の役目であり責任です。ただ、特性を考えると、雰囲気をよくする役割を果たすことができる女性リーダーも多いのではと感じているのです。

6 子どものいない女性を忘れるな

　前項では子育てと仕事の両立支援について述べました。しかし、そこで忘れてならないのが、子どもをもたずに頑張っている女性職員のことです。

　子育て中の女性職員が、大変な思いをして仕事を続けているのは事実です。しかし、では独身であれば楽なのかというとそういうわけではありません。女性対象の研修では、時々独身女性や既婚で子どもがいない職員の愚痴を耳にします。

　「時短や育休の人のフォローが全部まわってくるんです」

　「独身だからなんでも依頼していいと思われている」と。

　金融機関勤務のある職員が先日体調をくずしました。彼女は既婚ですが子どもはいません。本部の特殊な業務に就いているのですが、様子を聞くと、ほぼ毎日終電で帰宅しているとのこと。なぜそんなことになっているのかと尋ねたら、「チームにいる数名の時短の人の仕事が全部まわってくる」というのがそこまで残業しなければならない主な理由だそうです。彼女は誠実な頑張り屋さんで、自分が役に立つのであれば、とことんまでやってしまう人です。思いやりもあるので、時短勤務の同僚が気にしないように笑顔で仕事を引き受けているようでした。しかし、身体は正直です。精神的にもプレッシャーがあり、それも響いたのでしょう。とうとう倒れてしまいました。

　女性は子育てについては「いつか自分もお願いするときがあるかも」という「お互い様」の気持ちもあり、女性活躍推進への思いがある人もいます。そこで精いっぱい応援したいという気持ちをもっ

ている人もいます。だからこそ、不満を言うべきではないとセーブしているところもあります。一方で、子育て女性だけが支援されることに対し苦々しく思っている人もいます。独身だったり、子どもがいないことに対する引け目が個人的にあるケースもあります。

　職場に子育てをしながら頑張っている女性がいるということは、大きな視点でみれば大変よいことなのですが、こと実際に関わっているチームではさまざまな感情が渦巻いています。そしてそれが原因でチームの関係性が悪くなってしまうリスクもあるのです。

　物理的に仕事が滞ることは大きな問題ですが、ぎりぎりの人員でフォローし合っている状況だからこそ、チームの関係の質をよくすることで業務の質を高めていく必要があります。

　子育て中の仲間についての不満は言いにくいものです。また、個人的なコンプレックスに関係する場合もあります。しかし、これをそのままにしておくと、チームの毒素（第4章2（7）「部下との関係をダメにする4つの毒素」）となって熟成され、手をつけられない状況になってしまう可能性があります。チーム内にまずい空気が漂っていると感じた場合、早めに職員や部下に気持ちを聞いていく必要があります。個別に聞くのか、それとも何人か一緒に聞くのかはケースバイケースですが、気持ちに耳を傾けていきましょう。話すことでチーム内でもよりいっそう協力し合うことになるケースも多いのです。

　そして、フォローしてくれている職員たちへの感謝を伝えること、子育て中の女性部下にもそれを促すことは忘れてはなりません。

　女性部下のマネジメントの難しさは、その多様性にあります。しかし、多様性があるチームは強いです。ただし、それを活かすには丁寧な対応が必要なのです。

7 研修には「行ってらっしゃい」では不十分

　女性活躍推進のために、女性対象の研修を増やす金融機関が増えています。研修に参加する機会が増えるのは、女性1人ひとりにとっても組織全体にとってもメリットがあります。私もそのような研修の講師をすることがよくあります。

　ところが、残念なケースに時々出会います。参加者の目が死んでいる（輝きがない状態）のです。忙しい仕事を調整して参加してきた研修です。企業研修でなく個人で学ぼうとすると、高額な費用がかかる研修が、無料（かつ有給）で受講できるわけです。そして、何より組織が「頑張ってほしい」と応援のために開催している研修です。それなのに、「ただそこにいる」という状態の女性たち。そのまま研修をスタートし、予定したカリキュラムをこなしても、学ぶ意欲がない状態では無駄になってしまいますので、まず研修に参加する意欲を高めるステップを踏まなければなりません。そのために本来予定していたゴールまで行き着かないケースもあります。

　一方、逆のケースにも出会います。目がキラキラと輝き「この研修を待っていました！」と表情で訴えてきます。私が担当する研修は一方的に知識をお伝えするというより、参加型で相互啓発を促すかたちが多いので、実習に熱が入ったり議論が深まったりして、モチベーションもよりいっそう向上します。当初設定したものよりより高いゴールまで到達します。

　「研修に参加するにあたり、上司から目的やゴールなど伝えられてきましたか？」と聞くと、前者はほぼゼロです。「○月○日に研修に呼ばれているので行くように」という指示だけ受けているパタ

ーンです。後者の場合は、上司から期待を伝えられたという人がいます。それは、自主的に上司が伝えてくれた場合と、研修の事前手続として人事部等から事前面談の指示があったり、事前課題に一緒に取り組んだりした場合があります。

目的がわからない状況で物事に意欲的になるのが難しいのは当然です。もちろん、自分自身で目的を考えない参加者にも問題があるのは確かです。しかし、金融機関においては管理職になる前の業務では受動的なものが多く、指示待ち傾向が比較的強く染みついているため、指示がなければ自分で考えないという傾向があるのも事実です。

ですから、ここしばらくは上司がせっかくの研修を無駄にせずモチベーション向上やスキルアップにつなげてくるように送り出していきたいものです。その部下が研修で職場をあけるために調整をしているはずです。その犠牲を無駄にしないようにそれ以上のものをもち帰ってもらうという上司のあり方が大事です。その上司のあり方が研修での学びを何倍ものものにしたり、研修に参加していない他のメンバーの意識とスキルを高めることになるのです。

〈研修に送り出す際、上司にやってほしい3つのこと〉
- 目的とゴールの確認……「行ってらっしゃい」と声をかける際、研修の目的を共有しましょう。もし何の研修なのかを把握していなければ、上司が確認しておきましょう。
- 期待を伝える……部下に研修を受講してどうなってもらいたいのか、何をもち帰ってきてほしいのかを伝えましょう。
- 研修終了後への課題……終了した後の課題を与えましょう。「他のメンバーへの報告会をしてもらう」「学んだことをレポート

（またはメモ）として提出してもらう」など。人事から研修報告書などの提出書類はあるでしょうが、それでよしとせず現場に還元してもらったり、研修での学びを現場で生かしてもらうための工夫を現場独自でしていくことが必要です。

8 曖昧な指示はリーダーを育てない

　期待されている女性のなかには、将来管理職になれるような仕事力をどのように向上させるのか迷っている人が少なくありません。「リーダーシップを身につけて」とか「後輩指導をよろしく」と言われていても、漠然としてよくわからないというのです。職能要件をみても抽象的でやはりわからない、と。

　ある支店のCさんは、仕事と子育てを両立し頑張ってきて管理職一歩手前まできています。上司からは「将来は管理職として活躍してほしい」と言われていて、本人も「やってみたい」と思っています。しかし、同時に上司から「もっと自ら考えて動くように」「もっとチーム全体をみて、後輩に関わるように」と言われていますがよくわかりません。毎回の面談でも「もっと」「もう少し」と言われ続け、期待が逆にストレスになりはじめていました。

　そんなとき、それまでの上司が異動になり、別の上司のもとで働くことになりました。すると、その上司はCさんがもやもやして理解できないことを具体的に指摘してくれます。

　Cさんがチームメンバー同士のごたごたになりそうなやりとりに気づいていながら黙認してしまったときには、そう時間がたたないうちに指摘。黙認することによるリスク、特に当事者たちに起こる心理的影響だけでなく、黙認することによるCさんとチームメンバーとの信頼関係への影響を伝えます。黙認しないで即対応できるためには何が必要かを話し合いました。こういうことができるようになってほしいというメッセージとともに。

　また、Cさんが、上司が本部研修で数時間不在で判断できなかっ

たときには、その理由を振り返り（そのときは「判断することへの躊躇」でした）、どうすべきだったのかを指導。加えて一方踏み出す勇気をもって判断してほしいと伝えました。

いくつかの事象について上司が具体的な指導をすることで、Cさんは自分に何が足りなかったのかを明確に理解しました。そして、数カ月後にはチームに目を配り、堂々とリーダーシップを発揮できるようになっていました。

男性の場合はロールモデルがたくさんいますし、仕事以外の場でもリーダーとしての学びを指導してもらう機会が女性より比較的多くあります。ですから、「もう少し」「もっと」で伝わります。しかし、女性の場合はそうではありません。男性の上司とじっくり話をする機会もそれほど多くありませんし、昨今の女性活躍推進施策の流れで急に管理職へ期待されたりしているのです。

身につけてもらいたいものはかたちのないものです。そして、「これが正解」といいきれないものもあるでしょう。だからこそ、実際の事例を使って話し合いながら指導していく必要があります。優秀な女性リーダーが育てば上司の仕事も楽になりますし、数字という結果も必ず出てきます。上司だからこそできる具体的かつ効果的な指導をしていきたいものです。

9 部下の「いま」を十分に認めているか？

　部下に「こうなってほしい」「ここを変えてほしい」と思うことはよくあります。「もっと成果に貪欲に取り組んでほしい」「仕事への真剣味が足りない。本気で取り組んでくれないものか」など。上司のなかには、その期待をいくら部下に伝えてもまずそのようになってはくれないということに悩んでいる人も少なくありません。どうしたら部下は変わってくれるのでしょうか。

　第4章でも述べますが、前提は、人は誰かに言われて行動を変える動物ではなく、自分で納得しなければ変化しない動物だということです。そんなとき、「変われ」と強制されたらどうなるでしょうか。反発が起き、変化はもとより、信頼関係が崩れていくきっかけになるかもしれません。

　イラストをみてください。

　「現在の姿（意識）」から「現在とは違う姿（意識）」に変わるためには人は「エッジ」というハードルのようなもの超えていく必要があります。それが、たとえ本人がそうなりたいと思っていることでもなかなか超えられないものですから、上司が望む姿になってもらうことは、より難しいのです。

　上司がやらなければならないのは、本人がそのエッジを超えるサポートをすることなのですが、それは、「現在の姿（意識）」を十分認めていくことです。

　「もっと営業に貪欲になってほしい」という部下の「現在の姿」は上司にとっては「営業に本気でない姿」としかみえないかもしれません。しかし、本当の姿には「事務手続を一生懸命やっている」

第3章　女性リーダーを育てる上司の心得

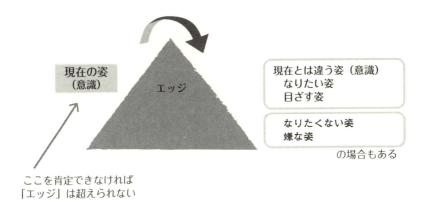

「手続の知識がある」「コミュニケーション力が高い」「仕事自体へのモチベーションは高い」というものがあるとします。「望ましい姿」にあるのは「営業に貪欲に取り組んでいる」です。エッジには、たとえば「営業のプレッシャー」「営業自体が不得意」などがあるかもしれません。

　いきなり「現在とは違う姿」に行けということは、ジャンプ台も何もないのに高いエッジを超えろと言っているのと同じです。エッジを超えるには、自分自身にOKを出す気持ちを積み重ねてジャンプ台がつくられることが大前提です。ですから、上司はできていないことだけをみるのではなく、できていることや優れているところに目を向けてそれを十分に認めることを必ずしなければなりません。つまり、営業に貪欲になってもらうためには、まず「日頃よく勉強している」「事務処理をていねいにやってくれていること」を認め、感謝しましょう。ここで大事なことは「ただ褒めればいい」というものではありません。褒め言葉でそのジャンプ台はつくられません。上司から本心で認められているということが求められるのです。

10 ロールモデル候補をつぶさない

　第2章の3「『一歩出たくない』は確かに存在する」で述べたように、金融機関の職員は「出る杭」になるのが苦手です。女性職員に「管理職を目指しませんか？」と声をかけると、「はい、やります」とはなかなかなりません。「いえいえ、私にはとてもとても……」という答えが多いのではないでしょうか。理由は「謙遜」「自信のなさ」に加えて、「目立ちたくない」というものもあります。

　そのハードルを下げるのがロールモデルの存在です。人はもともと慣例があることに安心することが多いものです。ですから、身近にロールモデルがいない場合は、挑戦してと言われても皆不安です。しかし、管理職として活躍している人が、いわゆる「伝説の○○さん」や「猛烈社員」になっていると、そのハードルが高くなっています。前者の場合は「特別優秀な○○さんだからできた→私には到底無理」となりがちですし、髪を振り乱し、女性を捨てて仕事をしているような後者ですと、「ああなりたい」ではなく「ああはなりたくない」存在になってしまいます。

　一方、女性職員が「後に続きたい」と思うロールモデルはどのような人なのでしょうか。「少しストレッチすれば手が届く」「私もなれるかもしれない」という人が身近にたくさんいるということが、後輩女性の挑戦する気持ちを後押しします。

- 生き生きと働いている
- 仕事もプライベートも充実させている
- コミュニケーションや人間関係づくりをうまくやっている
- 仕事で一定の結果を出し、挑戦し続けている

第 **3** 章　女性リーダーを育てる上司の心得

といったものがあげられます。「こうなれたらいいな」という人です。

決して、「一番」とか「出世頭」というものではありませんし、「超人的」な人が求められているわけではありません。研修でお会いしている女性職員たちと話していると、求めているのは「魅力的なお手本」です。そして、「自分もできたらそうなりたい」と思っているのです。

ですから、ロールモデル候補が部下にいる場合、その「少し背伸びすれば手が届きそうな魅力的な先輩」へと育てることが重要です。

しかし、一歩を踏み出そうとすると、集団において必ずといって発生するのがそれを妨害する力です。特に金融機関には、でしゃばるのを必ずしもよしとしない風土がありがちです。これは女性の世界に限ったことではありませんが、「うらやましい」「妬ましい」という感情は人間であれば普通に発生します。これが関係性の毒素（第４章２（７）「部下との関係をダメにする４つの毒素」）になってチーム全体の雰囲気を悪くしてしまっては元も子もありません。また、嫉妬がイジメに発展し、体調を崩したり退職に追い込まれたりとなるケースを私もみてきました。

ロールモデルを育てる際には彼女が周囲から浮かないよう、慎重に少しずつ背中を押していくことが上司に求められます。女性部下のマネジメントの基本として「公平性」がしばしば取り上げられますが、それはとても重要なことです。もしリーダー的な役割に就けるのであれば、時にはチームの合意をとるなど周囲を尊重する必要があります。

しなやかに活躍する女性がそこここにいるのが「普通」になるまでは、細やかな配慮が求められます。

Column

● よい偶然を引き寄せる ●

　女性職員対象のキャリア・デザイン研修を担当させて頂く機会が多くあります。女性の人生は「結婚する／しない」「子どもをもつ／もたない」によって方向性が大きく変わります。そして、「仕事を続けるか／続けないか」「正社員／それ以外の雇用形態」「管理職を目指す／目指さない」などの要因も絡んできて人生の選択肢は非常に多くなっています。だからこそどの方向を選択するのか迷ったり悩んだり、揺れ動いている女性職員は少なくありません。

　キャリア・デザイン研修ではスタンフォード大学のクルンボルツ博士らが提唱している「ハプンスタンス学習理論（※）」をお伝えすることにしています。これは「キャリアの80％は偶然によって決まり、よい偶然を引き寄せ必然にすることで自分の人生キャリアをよくしていきましょう」という考え方です。そのために必要とされる5つの特性があります。「①好奇心」（いろいろなことに興味関心をもつ）、「②持続性」（諦めず継続する）、「③楽観性」（なんとかなるさとポジティブに考える）、「④柔軟性」（環境等に対応する。思考も変化させる）、「⑤冒険心」（リスクをとる）です。これらの特性を備えることを意識することでチャンスを活かし望ましいキャリアへつなげることが可能というのです。

　この考え方を取り上げると、皆さんがとても安心したような表情をされます。多くの選択肢には不確定要因が多く、目標設定やキャリアプランニングができないことに対する不安が大きいのです。そうではなく、現在の自分を見直し、よい偶然に出会うためにどうしたらよいかという目標設定のほうが現実的かつ実現可能性が高いのです。まだ起こっていない「将来のこと」へ目を向けている女性職員、できるだけ「いま、ここ」固めを促していくことで力を発揮するのではないでしょうか。

※「ハプンスタンス学習理論」…旧プランドハプンスタンス（計画された偶然性理論）

11 女性上司の落とし穴

　女性管理職のAさんは熱意をもって仕事をしています。部下に対しても同様で、特に女性部下には女性活躍推進の流れのなかで頑張ってほしいと思っています。Aさんのもとにはそろそろ主任に推薦したいと思っているBさんがいます。Aさんとの関係もよく、数年にわたり指導をしてきていて期待もしています。

　しかしながら、Bさんには最近ミスが増えています。それも、Bさんらしからぬミス。お客様からもらわなければならない書類を伝え忘れたり、提案に伺う際に大事なレポートを用意していなかったりしています。

　Aさんは「Bさんの経験からして、いまさらこんなミスをするなんて考えられない。私の指導に何が足りなかったのか」とがっかりしていました。

　私はAさんにBさんを取り巻く最近の状況を尋ねてみました。すると、「目標数字が前年の1.5倍になっていて、プレッシャーはきついのですが、Bさんならできるはずです」と言います。そこでAさんに、Bさんの話を聞いてみることを提案しました。

　すると、予想外にBさんはいっぱいいっぱいな状況だったのでした。そして、Aさんは、自分が主任直前だったときのこととBさんの現状を単純に比較していたことに気づきました。Aさんは、自分がBさんと同じ立場だったときにできていたことは、できて当然と思い込んでいたのです。

　当然のことですが、AさんとBさんの能力は同じではありません。ちなみに、Aさんはまだ女性が管理職になかなか登用されなか

った頃に管理職になったというかなり優秀な人です。それに加えて、当時とは環境も異なっています。昨今は目標数字が厳しく、1人ひとりの負担もかなり増しています。

　女性管理職は同性の部下に対し、期待する気持ちが強い分、厳しい目でもみてしまいがちです。また性別が同じなので「同様」という感覚をもってしまいがちです。そして「私はこんなことを乗り越えてきた」という経験を生かそうとするばかり、時には必要以上に厳しく接してしまうこともあるかもしれません。少しでも優れた部下を育成したいという気持ちもあるでしょう。

　部下のよいところをみて期待するのは素晴らしいことです。しかし、部下は自分と同じではありません。また、現在は挑戦する女性職員を増やすことが必要です。温かい目で見守って1人でも多い部下を育てていきましょう。

第4章

女性がぐんぐん伸びる関係づくり

1 女性部下を伸ばすには"関係性"を攻略しよう

「仕事に必要なコミュニケーションはとれていると思うのに、理解し合えていないように感じる」

「部下から不満を言われるのだが、解決不可能なことを言われても困る」

「部下の要望に応えているのに何が不満なのだろう」

これらは関係性が構築されていない例で、非常によくあることです。

人の意識には3つの層があるといわれています。図をみてください。一番下の**エッセンス**の層は「価値観」。これは心の奥底にあるものが共有される層です。言葉にならない何かが相手と共通していると感じることがある場合があります。その上の**ドリーミング**の層は「願い、感情など」です。ビジョン、夢などもこの層に入ります。

この**ドリーミング**や**エッセンス**を共有することがなく食い違っていくと関係性は壊れていきます。夫婦を例にあげて説明します。

① 男性と女性が運命の出会いをします。何かがピンときたり、ちょっとしたことに共通点を見いだしたりしています。→ **エッセンス**の層で共有ポイントが見つかっている。

② 恋に落ちた2人はいろいろなことを語り合います。お互いの夢、2人での将来などです。**ドリーミング**の層を共有し、違う部分についても理解をしていきます。

③ さて、2人は結婚することになりました。こうなると、夢物語

第4章　女性がぐんぐん伸びる関係づくり

意識の３つの層

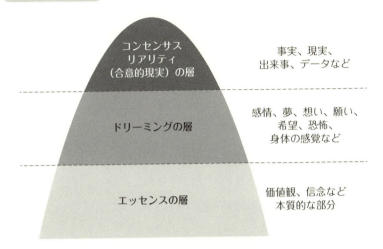

ばかり語るわけにはいきません。結婚式のもろもろ（時期、式場、食事、引き出物など）やこれから住む場所、現実のことなどを話し合って決める必要があります。これが**コンセンサスリアリティ**のやりとりです。両家の事情もありますので、すべてが一致するわけではありません。ここでもめ事が発生します。しかし、そこで、**ドリーミングの層**（こんな家庭をつくりたいという願い）や**エッセンスの層**（一致している価値観など）を確認する瞬間があればよいのですが、それがまったくないままだと関係性は壊れていきます。

　また、結婚した後の生活も現実（コンセンサスリアリティ）が大部分を占めます。この層だけで日々を過ごしていると、何十年も経って、「表面的には大きな諍いがないのに関係が壊れている」ということで熟年離婚などが起こります。

職場においても同様です。いちばん上の**コンセンサスリアリティ**（合理的現実）の層は「現実のこと」で、職場における通常の会話などはこの層の内容のことがやりとりされています。業務についてのやりとりはこの内容をそのまま受け取ってよい場合が多いのですが、そこに感情（ドリーミングの層）が含まれているにもかかわらずダイレクトに表現されていなかったりして食い違っているケースがあります。

　たとえば、仕事が大変そうな部下に声をかけたとき、「大丈夫です」と答えた部下。言葉どおり受け取り、そのままにしておいたら実はそうでなかったことはないでしょうか。「大丈夫です」という言葉はそうであっても、「助けてほしい」「もっと大切にしてほしい」願いが込められている場合があります。また、会議でネガティブな発言をする傾向にある部下。「やる気がないのか」ととらえてしまいがちですが、実際は「成果のことを本当に真剣に考え職場をよくしたいと願っている」場合や、「結果を出すためにもチームメンバーのなかにある不満を伝えたい」と思っている場合もあります。

　銀行に勤務していた頃のこと、上司が趣味の社交ダンスに私たち部下を誘ってくれたことがありました。若かった私たちはしぶしぶ上司に付き合って参加していて、なぜ仕事以外にも上司と時間を一緒に過ごさなければならないのかと疑問でしたが、いま思えば上司は**コンセンサスリアリティ以外の部分、ドリーミングやエッセンス**の共有を考えていたのでしょう。たしかに、この上司とは仕事をするうえでも安心感があり、「不満と受け取られるのではないか」というおそれがなく、改善提案などを相談できたことを覚えています。以前よく行われていた「飲みにケーション」もこの部類です。

最近の組織開発や組織変革においても、「対話」が必要といわれていますが、その意味は感情や価値観、つまり**ドリーミング、エッセンス**の部分の共有です。

昨今は職場の仲間との**ドリーミング、エッセンス**の共有の機会が非常に少なくなっています。特に男性の管理職は女性の部下とは難しさを感じるかもしれません。しかし、この部分の共有は育成を含めたマネジメントには不可欠です。特に女性は心のつながりに敏感です。関係性に目を向けたマネジメントを意識しておきたいものです。

Column

● 共感で人を動かす ●

　あるTV番組で某社の商品開発部門のマネージャー（男性）が取り上げられていました。いくつかのエピソードが紹介されていたのですが、そのなかに女性部下が育つ場面が出てきました。

　部下がある新商品の開発を担当し、企画を上司にプレゼンするのですが、それが却下されます。会議で上司にNGを出され、彼女は涙します。しかし、上司はまったく動じません。その後、女性部下はよりいっそう奮起し、最後には提案が通ります。上司がその間どのように関わったかは描かれていなかったのですが、部下が不十分な提案を出してきた際の堂々とした姿勢や部下を信じる気持ちは画面からもしっかり伝わってきました。

　それをみながら、私自身が銀行員時代職場で悔し泣きをしたときの周囲の対応を思い出しました。「自分がダメだ」と思うことがあり歯がゆくて涙が出てきたのでした。しかし、残念ながらそんな私に関わってきてくれる上司や先輩はおらず、見て見ぬ振りをされました。1人で泣いて1人で完結した記憶のみ残っています。当時の私がいま私の部下であったら、声をかけ、悔しい気持ちを聞いたうえで今後の成長目標設定につなげられたのにと思います。

　前述のマネージャーが最後に述べた言葉が印象に残りました。「リーダーは共感で人を動かす」という内容でした。第3章で上司の想いで部下を育てると述べました。共感によっても人は動き育ちます。そして、これも左右の脳を両方活性化し共感力が高い女性が得意なことではないでしょうか。たしかに部下の気持ちに寄り添いながらリーダーシップを発揮している女性は知人だけで何人もいます。共感によって人を動かす優れたリーダーがたくさん出てきてほしいものです。

2 関係性を育てるコミュニケーション

(1) まずは3分間相手の話を聴いてみよう

「傾聴？　重要ですよね」と誰もが言う時代になりました。相手の話を聴くことが大事と、ほとんどの人が頭ではわかっています。しかし、「知っている」と「できる」は大違いです。研修で傾聴のトレーニングをする機会がよくあるのですが、「私は話を聴くのが得意」という人に限って実際は聴けていないことが多いのです。

まず最後まで相手の話を聴くことができるかどうかが課題です。つまり相手の話を遮ってしまうことはないでしょうか。

うなずきとあいづちだけで3分間相手の話を聴こうとすると、意外に大変なものです。相手の話を聴きながらも心のなかにさまざまなものが浮かんできます。

話を聴いているうちにこんなことが心に浮かび、話したくなったりすることはないでしょうか？

心に浮かぶこと	言いたくなること
そのことなら私も知ってる	そういう解釈じゃないんだよね。実は……が正しい
同じものを食べたことがあったなぁ	私が行ったときには、こんなものがついていた
あるある、その経験	私が経験したときには、ああしてこうして……こうだったんだよ
あ、そういうやり方でやったのね	もっといい方法があるよ

相手の話を遮らずに聴く

　現実の会話では、前頁の表の左欄のように心で浮かんだことを、右欄のように口に出し、結果的に相手の話を遮ってしまっていることも多いのではないでしょうか。遮られた相手が「ちょっと待って」と言えるケースはまれです。特に上位者に遮られてしまった会話はもうそのまま消滅……となってしまいます。

　2つ目は表面的には相手の話を聴いているようで、実際は聴いていない状況です。「ふーん」「なるほど」と言ったりうなずいたりしていても、心ここにあらずという相手に出会った経験は誰しもあるのではないでしょうか。聴き手の心が話し手に向いているのではなく、自分自身に向いてしまっている状態です。これも話し手にはしっかり伝わり、「聴いてくれていない」と気づかれてしまいます。

　さて、話を最後まで聴かないことは関係性へ影響します。話を遮

られたほうは当然不満が残ります。そして、話を聴いてくれなかったことで「大切にされていない」「興味をもってもらえない」という気持ちも芽生えてしまいます。

「相手の話を最後まで聴く」というスイッチのON／OFFができること、これがよい関係づくりの第一歩なのです。

（2）「上から目線」は心も口も閉ざしてしまう

関係性を難しくするもう1つの要素は「上から目線」です。女子サッカー日本代表チームの佐々木則夫監督は、著書『なでしこ力』（講談社）のなかで「横から目線」という言葉を使っています。「監督がいちいち指示して選手を動かすのではなく、自分たちの判断で動けるように、ボスとしてではなく父親役として対等な人間関係を築くことを心がけている」と。皆さんの目線は上からでしょうか？　それとも横からでしょうか？　「上から目線」には左脳とともに右脳が働きやすい女性は、より反応しやすいと考えられます。

上から目線というのは、上下のランクがある関係であると相手に強く認識させることです。当然上が〇で下は△か×。その目線でみられるだけで、「自分は下と思われている」「私のことをダメだと思っているんだろう」と受け取ります。特に男女では個人的な意識に加え、組織（社会）全体の「男性は優れていて女性はその下」という雰囲気がありますので、普通にしていても上下のランクがある状況です。そんな状況で人はよいパフォーマンスができるでしょうか。

話を聴く際も同じです。「傾聴が大切」と気づいた上司がぶつかるのがこの壁です。コーチングのフォロー研修で「話を聴こうとするのですが、部下が話してくれません」というお悩みを耳にするこ

とがよくあります。ここで考えなければならないのが上司と部下の関係性です。初対面であればよいのですが、上司と部下ではすでになんらかの関係性がつくられています。そこに上下のランク、特に上司が上から目線の発言をしていたり、部下の発言をいつも遮って否定していたりしていたとしたら、部下は何を言われるかわからない恐怖を感じているはずです。そうなると口ばかりではなく心も閉じてしまっていますので、話せるわけはありません。

　それでは、このような上下のランクがすでにできてしまっている場合はどうしたらよいのでしょうか。

① 　まず上司自身のメタスキル（心の姿勢）をしっかりと

　第3章の1「上司の"想い"がなければ部下は育たない」で取り上げたメタスキルがここでも重要な意味をもちます。上司が部下に対してどういう「心の姿勢」で向き合うかは相手に伝わり、関係性に影響を与えます。「上から目線」もその1つといえます。相手の話を聴くための工夫（うなずき、あいづちなど）は効果的ではありますが、このメタスキルによってもうまくいったりいかなかったりするのです。「上から目線」の関係を解消するには「対等」「尊重」「認める」といったメタスキルを強く意識するすることが必要です。

② 　部下のよいところを見つけよう

　「上から目線」の場合、相手に対してはポジティブな印象よりもネガティブな印象のほうが勝っています。自分と比べて相手が下と思えるわけです。経験面で上司より部下が劣っているのは仕方のないことですし、それに伴い知識も同様でしょう。しかし、すべてが上司より劣っているわけではありません。能力、人間性、スキル

等、これはよいと思うところも必ずあるはずです。それをできるだけたくさん見つけておくとよいでしょう。

③　関係性は変化する

　関係性は生き物のようなもので、日々変化しています。一度「上から目線」の関係ができあがってしまったとしても人が対応を変えていけば変化します。「うなずきを大きくしたから一気に関係が変わる」というほど単純なものではありませんが、上司がほんの少しずつでも何か対応を変えることで徐々に変わっていきます。関係性は向き合って面談するときだけでつくられるわけではありません。「話をしてもらいたい」という部下がいるなら、「話したい」と部下が思う関係性づくりをしていきましょう。次項から取り上げていく聴き方のコツを1つひとつ実践し相手との間によい関係を積み上げていくことが大事です。

（3）　表情、うなずき、あいづちは聴き上手の３点セット

　人はもともと自分の話を誰かに聞いてもらいたいものです。それなのに話してもらえないというケースがあります。「部下があまり話してくれないんです」あるいは「お客様との話がすぐ途切れるのですが……」という人の聴き方をみてみると、反応の薄さが気になります。

　人は「話をよく聴いてくれている」と感じなければ話し続けられません。

　表情が変わらないポーカーフェイス、うなずきやあいづちも少なめか浅めなのです。コミュニケーションの研修で体験したことがある人もいるかもしれませんが、これでは人は話し続けられません。

なぜなら、「話を聴いてもらっていない」ということは「自分が尊重されていない」と感じられるからです。誰しもそんな気持ちになることは避けたいですから、話すのをやめてしまいます。

一方で「なんだかわからないけれどこの人の前に座るとどんどん話してしまう」という人がいます。こういう人は表情、うなずき、あいづちが大きいようです。

表情は豊かなほうが相手が話しやすいものです。楽しい話題には楽しい顔、悲しい話題には悲しい顔と表情を変化させていきます。

うなずきは大きめにしていくとよいでしょう。お客様と話す際、上位者と話す際、自然に大きなうなずきになっていないでしょうか。これは「あなたの話に大いに興味があります」「あなたとよい関係をつくりたいんです」というサインでもあります。

あいづちは、「そうですね」「そうなんですか」「そうですか」「なるほど」などさまざまな言い方があります。「それで？」といった話の先を促すものもあります。

この３点セットの組合せで「あなたの話に興味があります」「あなたの話を聴きたい」という意思を話し手に伝えます。そうすれば、相手は自然と話し続けてくれるものです。

いわゆる「偉い人」という人に対しては、ポーカーフェイスで話を聴く人はいないでしょう。誰しも大きくうなずき、あいづちをうち、そして表情豊かに反応しているはず。それを部下に対してもやってみましょう。

（4）　部下の心を聴いていますか

傾聴というのは言葉だけを聴いていては不十分です。本章の１「女性部下を伸ばすには"関係性"を攻略しよう」で、人は言葉ど

おりに感じているとは限らないということを述べました。傾聴はその「心」つまり感情も聴きとっていくもので、マネジメントや育成にはそれがとても重要です。そして、もっといえば、チーム全体の声になっていない感情まで目を向けていかなければなりません。

① 「大丈夫です」は「全然大丈夫ではない」と言っていることもある

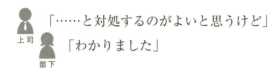
「……と対処するのがよいと思うけど」
「わかりました」

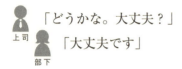
「どうかな。大丈夫？」
「大丈夫です」

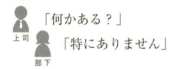
「何かある？」
「特にありません」

よくあるやりとりですが、ここでは注意が必要です。

まず、思っていることをそのままきちんと率直に言葉にすることはとても難しいことです。それ以前に、事実などの事柄を相手にわかりやすく伝えることは、簡単ではありません。さらに感情を伝えるとなると難易度はぐっと上がります。

それに加えて、上司に対して思いどおりに話せる人というのはそうそういません。人はなんらかの関係性があると、その後の影響などを考え、心理的なブレーキがかかり慎重に言葉を発します。「つらい」「きつい」「大変」などのネガティブなことはもちろんです

が、「うれしい」などのポジティブなことについても、それを聞いた相手がどのように受け取るか、それによって何か嫌な気持ちにならないかなど、あらゆることを考えます。上司は上位者であるというだけでなく、時には評価者であるわけですから、部下は慎重になります。

したがって、部下の心が言葉で表現されるということは皆無と思っていたほうがよいでしょう。「大丈夫です」はもしかしたら100％逆のこと、「全然大丈夫ではありません」と言っているかもしれません。また、「管理職なんかになりたくないんですが……」という言葉の奥底には「実は頑張りたい。助けてほしい」という気持ちが隠されている場合もあります。チームの誰かに対する苦情を訴えている部下は、もしかしたら組織の仕組みに対する不満を述べているのかもしれません。

言葉そのものだけを受け取り、判断するのはリスクが大きいのです。

② 「何かヘンだな」を放置しない

部下と話していて「何かおかしいな」「本心ではないな」と感じることはないでしょうか。ここで見逃してはいけないのは上司の直感です。

この直感は当たっていることが多いものです。人のセンサーは非常に敏感です。相手のちょっとした表情の変化、呼吸の変化、声のトーンの違いなど、何かがあるとキャッチします。また、「空気を読む」という言葉があるように、「場の雰囲気が急にピリッとした」ということもキャッチできます。これは相手が緊張したりして場全体に影響を及ぼしているのかもしれません。

そんなときにはそのまま放置することは避けましょう。「○○さんの表情がちょっと気になるんだけど、本当にそれでいいの？」「実は大変だなと思っているんじゃないの？」などと、「あなたの心の変化に気づいている」「心を聴きとろうとしている」という姿勢をみせていくことが必要なのです。

③　共感することで関係性ができていく
　心を聴きとった後、次にやるべきことが「共感」です。「部下の言い分にすべて同意するわけにはいかない」という気持ちが上司側にはあります。これは上司として当然のことです。しかし、ここで、「そういう考えはやめておいたほうがいいね」などと否定してしまったらこれまでの努力が水の泡。部下の心は天岩戸のように閉じてしまうでしょう。
　「共感する」ということは、「同意」でも「同調」でもありません。
　共感は「違う立場の人の気持ちをおもんぱかって理解すること」です。ですから、「そのとおり」「それは正しい」というように同調したり意見を同じくしたりする必要はまったくありません。
　「なるほど、そういうふうに感じているんですね」
　「たしかに、○○さんの立場だとそのように考えるのはよくわかる」
　異論があれば、その後伝えていけばよいのです。
　「共感が関係性をつくる」ことを肝に銘じておきましょう。

（5）　話が途切れたら質問しよう
　話をしているとどちらともなく途切れる瞬間があります。そこで

質問をしていくことになります。

　このときの質問には2つの効果があります。1点目は、部下が自分自身の深い部分にアクセスして考えることができ、自分の気持ちに向き合うチャンスになります。これをきっかけに、**合意的現実（コンセンサスリアリティ）レベルの会話からドリーミングやエッセンスのレベルの会話へ**深まることになるかもしれません（第4章1の図参照）。その結果、お互いのことをよく理解し合うことにつながるでしょう。

　たとえば、部下が何か相談をしてきたとします。そんなとき、すぐに解決策を提示しなければと思ってしまいがちなのですが、ここでまずやっていきたいのは本人に話させヒントを顕在化させることです。

　「○○さんはどのように考えているの？」「○○さんはどうしたいの？」と質問しましょう。

　すると、部下は答えるために考えます。潜在意識（記憶、体験など）に自分で問いかけて答えを出そうとします。そして思いついた答えを話しながらまた潜在意識に問いかけ続けます。そのプロセスが、行動してみようという気持ちを促したり、「こうすればいいんだ」という答えを自ら導きだすことにつながるのです。

　「ここまで話してみてどう感じる？」という感想を尋ねる質問は、**ドリーミング**のレベル、つまり感情に直接的にアプローチします。共感をつくりだすきっかけにすることができます。

　2点目の効果は、関係性へのものです。質問されること自体が「相手に信頼されている」「相手に期待されている」という思いを生みます。

① クローズドクェスチョンとオープンクェスチョン

　育休から復帰して1カ月、新しい仕事に頑張っている部下がいたとしましょう。声をかけるとき、どのように言いますか？
　「仕事、慣れましたか？」
　こういう声かけではないでしょうか。もちろん、部下のことを気遣うことはとてもよいことです。しかし、この声かけに工夫してほしい点があるのです。
　この質問は「クローズドクェスチョン」といわれるものです。部下はこの質問には「Yes」「No」で答えることで会話が成立します。「はい……」と答えるだけでも、「いいえ、まだです」と答えるだけでも一応成立です。そのほかに言いたいことがあるかもしれませんが、それを聞き出すにはさらなる問いかけを新たにしなければなりません。
　それでは「仕事はどうですか？」という質問はいかがでしょうか。これは、「Yes」「No」だけでは会話は成立しませんので何かしらの文章や言葉を考えて答えなければなりません。「この仕事はなかなか大変ですね。〇〇の部分はかなり慣れてきましたが、△△には苦労しています。先日こんなことがあったのですが……」や「まず働くペースをつかむのが大変です。子育てや家事との両立がまだうまくいっていないようなのです」というような返答があるでしょう。それに対して、「どんなところが？」「それはなぜ？」と掘り下げていくと、その人のことがよくわかるだけでなく、部下は現状について自分自身で振り返りをすることができるでしょう。このような、相手が答えるためにたくさんの言葉を必要とする質問、「Yes」「No」以外の言葉で答えなければならない質問を「オープンクェスチョン」といいます。

「部下と会話が続かない」という方の状況を聞くと、クローズドクェスチョンばかりしているというケースがあります。それですと、相手はあまり話さなくても会話が成立してしまうのです。また、「質問する人」「答える人」と役割が決まってしまうのもこの質問です。時にはまるで取り調べのようになってしまうこともあります。質問の仕方を工夫することで、会話の流れをまったく変えることができるのです。

② オープンクェスチョンで関係づくりをしよう

オープンクェスチョンはいわゆる5W1Hの質問です。「What（何が？）」「Why（なぜ？）」「When（いつ？）」「Who（誰が？）」「Where（どこ？）」「How（どんな？　どのような？）」で、相手の言葉を引き出していきます。相手の話を掘り下げていくのにもこのオープンクェスチョンを使うとスムーズで、関係づくりを助ける質問になります。

オープンクェスチョンのなかで、比較的取り入れやすいのは「How」の質問でしょう。

いつもの質問をこんなふうに変えてみてはいかがでしょうか。

「仕事忙しいの？」→「仕事はどう？」

「子育てとの両立は大変なの？」→「子育てと仕事、やってみてどう？」

「引っ越しの準備はできた？」→「引っ越しの準備はいかが？　どのくらい進んだの？」

オープンクェスチョン

「調子はどう？」

クローズドクェスチョン

「仕事には慣れた？」

「お子さんの風邪よくなった？」→「お子さんの風邪の具合はその後どう？」

　これらの質問からは、いろいろな答えが出てきそうです。
　「How」の質問は、相手のドリーミングのレベル、つまり心に比較的アクセスしやすいものです。この質問をきっかけに相手の心とつながる瞬間をつくりだす可能性が広がります。

③　クローズドクェスチョンで会話を引き締める
　クローズドクェスチョンばかりで会話を進めることはできません。また、クローズドクェスチョンを多様することは相手に自由に考えて答える幅をもたせないことになるので、相手に不快な気持ちを起こさせることもあり、関係づくりにも向いていません。
　しかし、クローズドクェスチョンには役目があります。オープンクェスチョンは話を広げていきますが、それだけだと焦点が定まりません。クローズドクェスチョンで話の方向性や相手の意図を確認したり、キーポイントを確認していきましょう。焦点を絞り会話を引き締めるのがこの質問の役目です。
　「いまの話はパートさんに伝わっている？」
　「ちょっと確認させてね。あなたは出納係は〇〇さんのほうがよいと考えているんだね？」
　「このトラブルの原因は業務分担にあるの？」
　コミュニケーションの内容の決定権は聞き手にあります。時には内容を確認しないと、関係性以前に、情報伝達が不正確になります。
　「〜というふうに私は理解しているけれど、それでいいのです

か？」「いま〜というふうに聞こえたけれど、それでいいよね？」という内容確認、「あなたの言いたいことは〜ということなんだよね？」「これから話を〜という方向に進めるけれど、それでいいよね？」という意思確認が必要です。

オープンクェスチョンとクローズドクェスチョン、バランスよく使って、お互いの理解を深め、よい関係性をつくっていきましょう。

（6）「詰問」は部下との関係を危うくする

オープンクェスチョンは関係性をつくっていきますが、気をつけなければならないのが「Why」です。

仕事上でトラブルが発生したときは原因を分析し、再発防止に努めなければなりません。再発を防ぐためには、そのトラブルを起こした本人が自分で原因を分析していくためには、上司から問いかけて部下のほうから話してもらうのが効果的です。しかし、そこには落とし穴があります。

相手に「なぜ〜できなかったのか？」「なぜ〜やらなかったの？」と質問をしていないでしょうか。そんなとき、部下の言葉はなぜか言い訳モードのはず。「状況を聞きたいだけなのに……」「責めているわけではないのに……」と思ったことはありませんか。

「なぜ〜できなかったの？」「なぜ〜やらなかったの？」という質問には問題があります。この質問には「あなたは」という言葉が省かれています。「なぜあなたはできなかったの？」「なぜあなたはやらなかったの？」と聞いていることになるのです。

部下は「自分に矢が向けられている」つまり「責められている」「詰問されている」と受け取ります。トラブルを起こした本人です

第4章　女性がぐんぐん伸びる関係づくり

101

からそういう自覚が当然あり、よりいっそうこの質問はグサッと心に刺さります。これは次項で述べる「非難の毒素」でもあります。そうなると、冷静に原因を分析したりすることはまず不可能でしょう。

「人」に焦点が当たっているこの質問を、「事」への焦点へと変えていきます。

「どうしてそうなったの？」

「どういう経緯だったの？」

「原因は？」

トラブルを客観的にみられるように相手をトラブルからいったん離し、原因を分析させるのがコツです。

（7） 部下との関係をダメにする４つの毒素

上司と部下の関係だけでなく、近しい人との関係がちょっとしたコミュニケーションで悪くなった経験は誰にでもあるものです。知り合ったばかりのときはないのですが、関係が深まっていくと出てくるもの、それが「毒素」といわれるものです。

ワシントン大学の心理学者ジョン・ゴッドマン博士は４つの毒素が関係性を悪化させると言っています。

非難 ……「あなたが悪い！」「あなた、おかしいんじゃないですか？」と相手が悪いと批判、攻撃するものです。

侮辱 ……相手より高い位置に立ち、見下すものです。「どうせあなたにはできないよね」「あなたはダメな人」などです。

第 **4** 章　女性がぐんぐん伸びる関係づくり

防御 ……言い訳。これは「非難」「侮辱」をされたときに起こりやすい反応でもあり、「私は悪くありません、なぜなら……」という言い訳になって現れます。相手に誠実に謝罪をしたりしません。

逃避 ……「見ないふり」「聞かないふり」です。「はいはい、わかりました（あー、また言ってるのね）」と適当に「Yes」とやり過ごしたり、「忙しいので後でいいですか」とその場からいなくなったり、あるいは無言、沈黙と、何も言わなかったりします。

「非難」「侮辱」は直接相手に言葉に出すことだけが関係性を悪くするのではありません。相手に「こうしてほしい」という気持ちをもちつつ我慢していると、それが徐々に「非難」や「侮辱」になります。毒素が自分のなかで熟成されてしまうイメージです。そうなると、「○○さんはなぜああするのだろう？」「もしかしてこんな気持ちがあるのではないか？」「私に対して……という気持ちなんだろう、きっと」などと、どんどん妄想がふくらんできます。そして、１人がそういう気持ちをもつと相手にもなんらかのかたちで必ず伝わり、関係がギクシャクしてきます。

「部下に注意や要望をしたいのだけど言いにくい」とためらっているうちに上司側にこういう気持ちが芽生えることはよくあります。特に女性のリーダーのなかにはこの「毒素」になったものを抱えてしまっているケースが多いのです。こうなると、相手に対する皮肉や嫌みも出てきて、よりいっそう関係が悪くなっていくでしょう。「毒素」に育ててしまう前に、伝えるべきことは率直に伝えていくことを、まず、上司が心がけたいのと同時に、女性のリーダーシップを育てるうえでも指導していきたいものです。

加えて、ここでは、「非難」「侮辱」のように発信側だけでなく、「防御」「逃避」という受信側も関係性を悪くする要因になっていることが重要なポイントです。発信する仕方も気をつけなければなりませんが、受信側も気遣いが必要になります。

(8) 承認で部下を伸ばそう

人が成長しようとしたり、何かに挑戦しようとしたりする際に必要なのは自己肯定感、つまり「I'm OK.」の感情です。自信と言い換えてもよいでしょう。人は誰かに背中を押してもらえると、頑張ろうと思えるものです。特に女性の場合はまだロールモデルがないことにもチャレンジしなければならないときがあります。何度も触れているように、女性は右脳と左脳を同時に両方働かせることもできますので、承認は非常に効果的と考えられています。

承認というのは一般的にはあまり使われていない言葉ですが、「存在そのものを認める」、つまり「相手の存在を否定しない」ということを意味しています。部下が自分と違うものの考え方や行動、仕事の仕方などをするケースは多々あります。そして、誰しも自分の価値観、行動が「正しい」「常識」と考えがちで、相手のことは「間違っている」と×をつけがちです。これが「相手を否定している」「相手を受け入れていない」状況です。「自分は○、相手は×」という評価は相手を承認しているとはいえません。「自分は○、相手も○」という見方、それを示すコミュニケーションが「承認」です。相手と違う意見に対しても「この人はそう考えているんだ」とそのまま（ニュートラルに）認識する感覚です。

アメリカの心理学者アブラハム・H・マズロー（1908-1970）は「欲求段階説」を提唱しました。その説では、「人間の欲求は５段階

マズローの欲求段階説

⑤自己実現欲求
④承認欲求
③社会的欲求
②安全欲求
①生理的欲求

になっていてそれを①→⑤の順に満たそうとする」と言っています（上図参照）。

　人が、「何かに挑戦しよう」というやる気を出している状態とは、「⑤自己実現欲求を満たそう」という段階にあることと近いです。そして、その段階にあるということは、その下の4階層の欲求は満たされている状況です。そのなかの1つの欲求でも欠けているとやる気が出ないということになります。

　①生理的欲求と②安全欲求は通常満たされていることと思われますが、職場で満たされていないケースがあるのが③社会的欲求と④承認欲求です。周囲との人間関係がうまくつくれていなくて孤独感がある（社会的欲求が満たされていない）、周りから自尊心を大切にされていないと感じている（承認欲求が満たされていない）といった状況では⑤自己実現欲求を満たすことができないのです。

　職場で承認されるということは、③社会的欲求と④承認欲求を満たしていきます。周りの人（上司も含め）と信頼関係ができていて、

尊重もされているという状況は「I'm OK.」の気持ちをしっかりと起こさせることができるのです。

　日本の文化はもともと相手にポジティブなことをあまり伝えません。以心伝心という言葉があるように、「一緒にいればわかるだろう」と思ってしまいがちです。しかし、実際は言葉や行動で伝えなければ相手にはわからないのです。

　第3章でも触れましたが、研修での参加者のモチベーションアップをする目的で、上司にサプライズレターを書いてもらうことがあります。「日頃本人に伝えられない感謝や応援メッセージを書いてください」とお願いします。当日にそれを手渡すのですが、喜びを通り越して感動する人がとても多いのです。「上司がこんなふうに思ってくれていたなんて知らなかった」と。研修後の感想文でもそのサプライズレターに対する感謝を書く人はたくさんいます。

　そして、ねらいどおり、「いままで以上に頑張ろう」という気持ちが芽生えます。このような研修課題としてではなく、日頃から「ここ」というところで承認のメッセージを伝えて頂きたいと思う瞬間です。

　私は15年以上プロコーチとしてクライアントの方をサポートする仕事をしています。人が一歩を踏みだすとき、ちょっと自信を失って動けなくなっているとき、承認のメッセージを意図的に伝えています。すると、モチベーションが上がって行動につながり、なんらかの結果を出すのです。私自身も自信を失ってもうダメと思った経験は何度もあります。そんなとき、周りの人（もちろん上司も含まれます）の承認の一言に救われたことは数知れません。

〇承認のメッセージ

メッセージの使い方にはちょっとしたコツがあります。まず、メッセージには「Youメッセージ」「Iメッセージ」「Weメッセージ」があります。

Youメッセージ

「○○さん、今日のお客様への提案よかったよ」

「△△さんは相続の手続詳しく知ってるね」といった「あなたは〜ですね」という言い方です。「あなた」つまり「You」が主語となっていて語尾は「〜ですね」「〜だね」というふうに言いきるもので、「Youメッセージ」といわれます。

これはとても強いメッセージです。この伝え方をすると相手に「うれしい！」「よかった！」というインパクトを与えることができます。しかし一方で、メッセージが強いため相手が恥ずかしかったり、謙遜してしまったりすることもあります。また、言う側にとっても、あまりにストレートなため、照れくささを感じたりするものです。

加えて、このYouメッセージは「あなたは〜だ」といきなりレッテルを貼ることになりますので、使うにあたり注意したいことがあります。

・あなたと相手との信頼関係

これは「この人が言うことには嘘がない」とあなたが相手に思われているかどうかということです。信頼関係がないと、「あなたには言われたくない」「お世辞ではないのか」「何か裏があるのでは」などという感情が起こり、自信をつけるどころか、信頼関係が危う

くなるかもしれません。

• 相手がその内容に同意できるかどうか

　仕事で大きなミスをして自分はダメだと深く落ち込んでいる相手に対して、「○○さんはできる人だね」と言っても受け入れられません。「同情されている」と、かえって自信を失ってしまったり落ち込んでしまったりするかもしれません。逆に、自分自身は頑張って結果が出ると思っている人に対し「あなたは本当に頑張る人だね」と言われれば受け入れられてもっと頑張ろうと思う可能性が高まります。

　つまり、このYouメッセージは、リスクはあるけれど、当たれば効き目がある承認のメッセージなのです。

Iメッセージ

　Iメッセージとは、「私は○○さんが〜と思う」という「私」つまり「I」を主語にしたメッセージです。

　「私は○○さんが提案上手だと思います」

　「私は△△さんの稟議は的確だと思います」

　Youメッセージが「○○さんは……」というレッテルを貼っているのに対し、Iメッセージは「感想」です。ですから、Youメッセージのような、相手との信頼関係や本人が同意するかしないかということはまったく関係ありません。あくまでも主語である人（私）がどう思ったかということを１つの情報として伝えるだけなのです。

　Youメッセージはいきなり強いボールを投げつけるイメージですが、Iメッセージは「ボールをころころと転がし相手の目の前で停

止したものを拾うか拾わないかは相手次第」というイメージです。

　Iメッセージはあなたメッセージのような強さやインパクトはありませんので、たとえヒットした（つまり受け入れた）としても相手はそんなにうれしそうな顔はしないかもしれません。しかし、これは時間が経過するに従いじわじわと効き目が出てきます。「上司はわかってくれていたんだ」という感じです。

　たとえ本人が同じように思っていなかったことに対してもYouメッセージのように拒否をするのではなく、「私はダメだと思っているけれど、上司は大丈夫だと思ってくれていたんだ」と客観的意見として受け入れられます。これらは別のとき思い出されたりして、徐々に自信がついていきます。加えて、信頼関係が崩れるリスクもありません。

　このIメッセージは落ち込んでいる人を励ますのにも有効です。銀行に勤務していたとき、ミスをして自信を失っていたときのことでした。その当時の上司がこう言ってくれました。「私は、前田さんが必ず頑張って結果を出す人だと思っているよ」。この一言はそのときだけでなく、その後の課題に立ち向かううえで大きな支えになりました。

　このメッセージはYouメッセージよりも口に出しやすいものです。まずは、Iメッセージを使ってみてもよいでしょう。

Weメッセージ

　これはIメッセージの変形版です。「私たち」が主語になりWeメッセージといいます。

　「○○さんがこんなところまでやってくれることで、私たちはと

ても助かっています」

「△△さんが明るく挨拶をしてくれるから、私たちも朝から気持ちよくいられるよ」

「□□さんが入社してからチームワークがよくなったと、私たちは思っているんだよ」

Ｉメッセージはあくまでも１人が感じていることですが、こちらは複数の人が感じていることを伝えます。「情報」「感想」である面はＩメッセージと同じなのですが、主語が集団になるので、Ｉメッセージよりはインパクトがあります。人にはもともと「誰かに喜んでもらいたい」「人の役に立ちたい」という気持ちがあるものです。ですから、Weメッセージで褒められると、人の役に立ったという喜びとともに自己肯定感に結びつきます。

Weメッセージで褒められると、もっとみんなの役に立ちたいと感じるかもしれませんし、YouメッセージやＩメッセージとは意味が違う自信もつくはずです。チームのなかでの存在感があるということで自発性が促されたり、コミットメントが高まったりするケースもあります。

Youメッセージの例

「〇〇さんの接客は素晴らしいですね」
「〇〇さんのアイデアはいつも斬新ですね」
「〇〇さんの心遣いはいいね」
「〇〇さんの笑顔って明るいね」

第4章　女性がぐんぐん伸びる関係づくり

> Ｉメッセージの例

「私は〇〇さんの判断が的確だと思う」
「私は〇〇さんのチャレンジがすごくよいと思う」
（励ますときに）「私は〇〇さんがこの課題を乗り越えられる人だと思うよ」「私はあなたが間違っていないと思っています」

Weメッセージの例

「〇〇さんがいてくれるおかげで私たちはとても助かっています」
「〇〇さんの笑顔は私たちも笑顔にしてくれます」
「〇〇さんが頑張ってくれているので後輩たちもやる気になっています」

（9）「感謝」は成長のサプリメント

　「ありがとう」が多い職場は活気があり関係性もよいものです。感謝は相手に「やってよかった」という幸せな気持ち、そして自己肯定感を生みだすのと同時に承認欲求を満たします。また人は誰しも「人のために役立ちたい」とも思っています。ですから、相手のやる気を刺激するためには「感謝」はとても効果的なのです。

　私が外資系の銀行に勤務していたときのこと、最も印象的だったのが「ありがとう」がとても多かったことでした。上司に電話を取り次ぐと「ありがとう」、書類を渡すと「ありがとう」、サインをもらうために書類を差し出してもサインの後は「ありがとう」でした。

　上司は日本人でしたが、欧米の生活が長い人でした。欧米人は「Thank you」を職場でも頻繁に使いますので、そのまま「ありがとう」を言っていたのだと思います。

　その前に勤務していた日本の企業では、上司の印鑑をもらったり電話を取り次いで「ありがとう」と言われたことはありませんでした。「はい」「わかった」という受け答えがあればいいほうで、うんともすんとも反応がない場合もありました。「仕事なのだからやって当然」と上司も思っていたでしょうし、私も同じように考えていました。

　しかし、実際に「ありがとう」を言われると、そのたびに「やってよかった」と感じるのが不思議です。その積重ねで、上司と私の信頼関係は非常によかったですし、コミュニケーションもきわめてスムーズでした。仕事にも意欲的に取り組みました。

　せっかくやってあげたのに感謝されないということであれば次回はやりたくないと思うでしょう。そういう気持ちがチームに蔓延し

たらどうなるでしょうか。雰囲気は暗くなるでしょうし、お互いの人間関係に問題が発生しそうです。「ありがとう」を日常会話にたくさん入れていきましょう。

　加えて、部下に他者からの「ありがとう」、特にお客様からの感謝を頂くという成功体験をつけさせていくことも大事です。いろいろな金融機関で女性の育成を支援する機会があるのですが、そこで意識しているのがこのことです。

　ある営業部隊の育成に関わったときのことです。その育成プログラムはほぼ通年にわたり行うもので、今後活躍が期待される女性が選抜されてきます。最初は「私には無理です」「預かり担当なんてできません」という人たちがほとんど。そこで、さまざまな仕掛けをして、少しずつチャレンジを促し、お客様からの感謝を頂けるようにしていきます。すると、最初はお客様からの「ありがとう」をもらえたことに感激することから始まり、成功体験を積み重ねていきます。そうなると、並行して成約という結果もついてくるようになり、プログラムが終了する頃には自信をつけ営業担当者として自立をしていくのです。

　「ありがとう」だけで人を育てることはできませんが、これは成長を助ける強力なサプリメントです。特に女性は「誰かの役に立ちたい」という気持ちをもっている人が多いようです。マネジメントには「感謝の気持ちを伝えること」を取り入れていきましょう。

(10)　「みていてくれる」が部下の行動を促す

　前述の上司からの手紙についてですが、もらった部下が感激する理由に「みていてくれたんだ」というものもあります。

　収益目標が厳しい日常にあって、金融機関の職員は「すべての評

価は数字でしか行われない」と感じる傾向にあります。表彰なども、数字での実績を上げている人に対してが中心となっており、頑張っているのに結果が出ていない職員や、営業担当でない場合は頑張っても評価はされないと認識してしまいがちです。

　しかし、実際のところは収益が上がるまでにはその職員1人が短期的に貢献しているケースばかりではありません。もしかしたらチーム全体でお客様との信頼関係を長い期間をかけて構築してきたのかもしれませんし、事務処理をしてくれる人たちのバックアップがあってスムーズな営業ができているのかもしれません。また、先輩の育成や励ましがよかったのかもしれません。それなのに、評価されるのは最終的に成約にこぎつけた職員……となると、他の職員は「頑張っても結果が出なければまったく評価されない」と感じがちです。

　昨今はどの金融機関も結果に出てこない能力やプロセスを評価すべくさまざまな仕組みを導入しており、数字のみの評価を行っているわけではありませんが、表面に現れない部分を評価するのは大変難しいのです。その結果、必ずしもすべての職員が100％納得する評価制度になっているわけではありません。そんなとき、「頑張っていることをみてくれている人がいる」「自分のことを気にかけてくれている人がいる」というのは大変勇気づけられることなのです。

　日頃から「みているよ」「気にかけているよ」ということを伝えるのに効果があるのが「声かけ」です。以前銀行に勤務していたときのこと、管理職ではありませんでしたがキャリアを重ねてきていて職場のリーダー的存在になっており、マナー運動の責任者になりました。そうなると、マナー改善のためのプランを立てたり勉強会

を開催しなければならないのですが、その役目についているのは自分1人。直属の役席は「前田さんよろしく」と特にサポートしてくれるわけではなく、心細さを感じていました。金融機関の営業店の仕事というのは業務には精通していくのですが、企画力やリーダーシップなどを鍛える場面が少なかったので私にとっては初めての経験で、何をやってよいのかわからないというのが本当のところでした。

　そんなときに声をかけてくれたのが支店長でした。もともと時間を見つけては現場を見回って「最近どうだ？」「困っていることはないか？」と声をかけてくれていたのですが、私が困り果てている様子に気づいたのでしょう。あるとき、あいている隣の席に座り、「何か困ってるだろう？」と言われたのでした。直属の上司を通り越して言うのはどうか……とは思ったのですが、背に腹はかえられません。とうとう「実は……」と不安を話してしまいました。結局は支店長が何かしてくれるわけではなく、自分で相談する人を見つけ解決しました。それまで、相談者を自ら探すこともせず1人で孤独感とともに仕事も抱え込んでいたのです。そのときの気持ちは「1人じゃない」ということ。問題解決に動くきっかけをもらったのです。

　女性活躍推進の流れで職場ではこれまで以上にいろいろな役割を担う女性が増えてきました。そんなとき必要なのが「みているよ」「1人じゃないよ」という他者からのメッセージです。必要あれば自ら訴えてくるはずと思いがちですが、金融機関の女性たちには業務の特性上、まじめで我慢強い人が多いです。また、アピールが苦手という人も少なくありません。そのような女性にチャレンジさせていくには「みているよ」が大変重要なのです。

（11）アドバイスとフィードバックで背中を押そう

　女性を育てるのに活用して頂きたいのがアドバイスとフィードバックです。両方とも心を刺激しながら主体性を促す効果的なアプローチです。

　「アドバイス」と比較されるのが「指示／命令」です。「指示／命令で部下は動く」とお考えの方も多いことと思います。実際、うまく部下を動かした成功体験をもつ方も多いことでしょう。では、その部下は継続的にあなたの意図どおりに動くようになったでしょうか。「何度言っても同じ間違いをする」「この前同じことを言ったのに。何度言ってもわからないのだから」こういう悩みをもったことはないでしょうか。

　なぜあなたの部下は何度言っても指示どおりに動かないのでしょうか。その理由は、部下の行動が部下自身の意思ではないからです。1度目にそのとおりに動いたとしても、それは指示命令にただ従っただけなのです。

　人は自分でやると決めたことしか行動（継続）しません。ですから、「ああしろ」「こうしろ」という指示・命令をされても決して長続きはしません。結果として上司は指示し続けなければならなくなります。

　人は自分で納得して「やる」と決めたことを行動に移すほうを好むものです。人が最も意欲をなくすのが「やらされる」こと。つまり「強制」です。やらされ感が心に生まれると仕事がつまらないものになってしまいます。アドバイスは相手の決定権を促し、やらされ感が生まれるリスクを少なくすることができるのです。

　「フィードバック」は自分の感じたことを伝えることです。上司が部下の話を聞いた感想を「私は〜と感じた」と伝えます。

ミスをして上司から叱られたときのことです。上司から足りなかった点を指摘されながらも私は「全部私が悪いわけではないのに……」と納得できず話を聞いていました。ひとしきり話された後、最後に上司が「僕は今回のあなたの対応について残念に感じたんだ」と言いました。それまで、「上司、部下」という構造のなかで話されていたことが、心の扉を開かれたような気がして、一気に「人同士」になったのでした。「上司をそんな気持ちにしてしまった」「期待してくれていたんだ」いろいろな感情が溢れ、これからはもっと注意して仕事を進めようと思った記憶があります。心からの一言は相手の心に響きます。

　コーチングセッションでも、最後に1人の人間として「フィードバック」を伝えることがあります。クライアントさんからは、「最後の『感想』が印象的でした」と言われることが多いのも同じ理由でしょう。

　職場では「上司として」ではなく「人として」のフィードバックで心と心の会話、つまり**ドリーミングレベルの会話**をしていくことができるのです。

(12)　部下を伸ばす叱り方

　「部下を叱るのが苦手」という人は自分自身や相手の性別にかかわらず多くいます。ネガティブなことを相手に伝えるということは誰しもうれしいものではないですし、たとえ「上司」という役割があったとしてもエネルギーが要るものです。「女性部下だから注意しにくい」と感じる上司も多いようですが、女性だからこそ言うべきことは言い、厳しさも含めた信頼関係をつくっていきたいものです。ただし、注意しなければならない点がいくつかあります。

① 触れていいのは「事実」と「行動」のみ

ここまでの部下とのやりとりについては、適切に「ドリーミングレベル」や「感情」、つまりココロにアクセスしながら話していくということを述べてきました。しかし、叱る／注意などは異なります。叱るときの鉄則は「事実、行動に対してのみ」ということです。

たとえば、整理整頓が苦手でお客様の大事な書類を紛失しそうになった部下に対し、「今回、整理整頓ができていないこと」を注意することはよいのですが、「いつもできていない」「そもそもルーズ」などと今回の事実以外のことや性格、考え方に踏み込むことはその人自体の否定につながりますので絶対に避けなければなりません。

② 簡潔に伝える

言いにくいことを伝えるとき、「相手を傷つけたくない」という気持ちや「自分が悪く思われたくない」という気持ちが芽生えるのは至極当然のことです。そんなときについやってしまいがちなのが、言葉に「飾り」をつけてしまうこと。それでインパクトを和らげようとしてしまうのです。

「○○さんのことを傷つけようと思っているわけではないんだけどね……」

「そんなに気にしすぎないでほしいんだけど……」

「いつもそう思っているわけではなくて今回たまたま気になったんだけど……」

といったものです。

こういう言葉を入れることで、本当に伝えなければならないこと

が薄まってしまい、結果的に伝わらない可能性があります。そして、ネガティブなことを言うリスクも負わない上司を部下は信頼するでしょうか？

「〇〇したことは間違いだと思う」

「あなたの考え方には〇〇という問題点がある」

と、率直かつ簡潔に伝えるほうがよほどインパクトがありますし、信頼関係も壊れません。

③　言うべきことを絞る

　1つのことを注意しているうちに、ついほかのことにも触れ、結局あれもこれも注意してしまうことはないでしょうか。また、ここぞとばかりに複数のことについて注意してしまうこともあります。

　まず、部下はあれもこれもをいっぺんに受け止められません。ネガティブなことを言われてうれしくなる人はいないでしょう。それをいくつも言われてはさすがに傷ついてしまい、要点がぼけてしまいます。

　「あれもこれも」は避けましょう。

④　言い終わったらダラダラ続けない

　注意し終わって部下が納得したらそこで終了しましょう。「では、この話題はここまで」とします。「傷つけてしまったかもしれないフォロー」などは必要ありません。やればやるほど墓穴を掘ることになります。

- 終わったらさっと席を立つ
- お互いの座っている体勢を変える
- 場所を移す

などが必要です。「叱り／注意の場」をそこでクローズすることが必要です。

⑤　深呼吸をして臨む

　①〜④を実行するために最も大切なことは、自分自身の感情のコントロールです。怒りでいっぱいの状況では、性格や価値観に触れてしまったり、あれもこれも芋づる式に続けてしまったり、不必要なことを言ってしまったりするものです。

　怒るのと叱るのとは違います。感情をぶつけても信頼関係が壊れるリスクが増すだけですし、相手の行動変容には結びつきにくいものです。もし怒りの感情があるのであれば、まずそれを収めて冷静になりましょう。そのために深呼吸が必要なのです。

3 「女性だから」の思い込みをはずそう 〜 DiSCを知る

(1) DiSCとは

　昨今は人の性格や行動を分析したりタイプ分けしたりする考え方が数多くあります。性格心理学や人間学を基にしているエニアグラム、精神分析を基にしたMBTIやエゴグラム、脳科学がベースのハンマーモデルなどがあり、組織開発や人材育成のために導入している組織も多いようです。

　ここでは行動心理学をベースにした「DiSC理論」を紹介します。これは、アメリカの心理学者ウィリアム・ムートン・マーストン博士（1893-1947）が1920年代に提唱した理論を元にしたもので、人の行動傾向をD（主導傾向）、i（感化傾向）、S（安定傾向）、C（慎重傾向）の4つの行動スタイルに分類し、そのバランスをみていくというものです。

　人にはその人独自の内面にある動機や欲求から発生する行動のパターンがあります。会議の参加の仕方1つとってもその人の行動傾向が現れます。その会議にいかなる権威がある人がいようとも自分の意見を堂々と主張し会議をリードしていく人（D：主導傾向）もいれば、場の雰囲気が明るくなるように盛り上げる人（i：感化傾向）もいます。また、発言よりもよい聞き手となり、中立的に存在して場を安定させてくれる人（S：安定傾向）もいれば、物事の根拠やリスクについて細かい分析を要求する人（C：慎重傾向）もいます。

　女性部下のマネジメントといわれると、つい「女性だから……」「女性は……」という枕詞をつけて解釈しがちです。「女性だから積

極性が足りない」「女性だから経営者にひるんでしまうだろう」と。しかし、男性にも消極的な人や偉い人にひるんでしまう傾向の人はいます。性差は1つの分類でしかありません。人間の違いという点では、DiSCのような理論的なものも指針として取り入れていくことで、女性活躍推進の流れにおける「性差」を必要以上に気にせずにマネジメントをすることができます。「女性だから」と考えるより「D（主導傾向）だから」と育成方法を考えたほうが結果は出やすいのです。

DiSCの行動スタイル

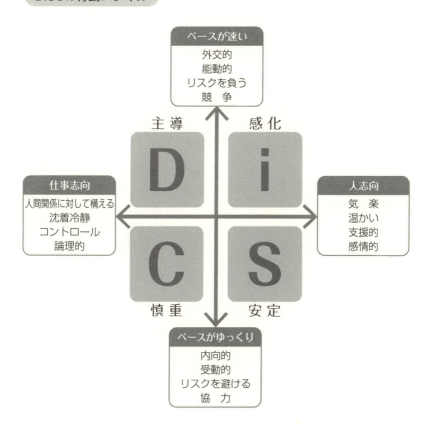

図のマトリックスをみてみましょう。仕事や活動のスピード（縦軸）と人志向か仕事志向（横軸）でできています。

　縦軸でみると上部に位置しているD（主導傾向）、i（感化傾向）は、意思決定や行動が速く周りの環境に対して能動的に働きかけます。自己肯定感が高いです。一方下部に位置するS（安定傾向）、C（慎重傾向）は意思決定、行動がゆっくりで、周りの環境に対して受動的です。自己肯定感が低めです。

　横軸の「仕事志向←→人志向」でみてみると、左側にある仕事志向のD（主導傾向）、C（慎重傾向）は、「人との関わり」よりも「仕事、活動そのもの」に神経がいきがちです。それに対し、右側のi（感化傾向）、S（安定傾向）は人との関わりを重視します。

　行動傾向は1人に1つというわけではありません。「Dとi」とか「Sとi」、「CとS」といったように複数を兼ね備えているものです。しかし、この傾向が強そうだという仮説をもつことでマネジメント、育成の助けになるのです。

（2）　DiSCの特徴と育成ポイント

　　D〈主導傾向〉はエネルギッシュなアネゴ肌、女帝／勇者タイプ

■こんな部下はD（主導傾向）
- 業務の改善や営業の方法を自分で考え、思いつくとすぐに動く
- 大きな数値目標があると意欲が出るが目標がないものや途中のプロセスにはあまり興味がない
- 支店長など上位者にも物おじせず自分の意見をはっきりと言う
- 周りの雰囲気に合わせて愛想笑いしたりすることはなく、迫力があったり、時には怖い印象だったりする
- 短い言葉で要点をズバッと言う

第4章　女性がぐんぐん伸びる関係づくり

- 集団になるとすぐにリーダーシップを発揮し周囲はフォロワーになりがち

■リーダーへの道……周囲との協働を育てよう

　D（主導傾向）の高い部下は行動力があるうえ意思決定が速いのでぐずぐずしません。また、プレッシャーにも強いという傾向があります。こういう部下に「女性だから」と無用な気遣いをしたりするとイライラされてしまうことでしょう。高い期待を単刀直入に伝えていくことがモチベーションを上げていきます。自己評価が高い人が多いので、承認についても短く「さすが○○さんだね」と伝えることがよいでしょう。

　この行動傾向にある人は高い目標に向かってエネルギーを出せる人です。仕事でも人間関係でもプロセスよりも結果を求めていきます。

注意しておきたいのは、周囲との協働です。もともと傾聴は苦手ですし、時に自分勝手にグングン進んでいってしまいますので、周囲がストレスを感じる場合があります。リーダーに育てるにはチーム全体の調和に気を配らせることも必要です。言いたいことをズバズバ言われるので上司自身がおそれをなしてしまわないように注意をしましょう。

ｉ〈感化傾向〉は明朗快活なチアリーダー

■こんな部下はｉ（感化傾向）

- みんなで頑張ろうと呼びかける
- 仕事中でも雰囲気を和ませるような発言をする
- 誰にでも笑顔で感じよく応対する
- 後輩の育成も気持ちよく引き受ける
- 周りの人に明るく前向きな印象を与えムードメーカーになっている

■リーダーへの道……感情に流されない判断力を育てよう

　ｉ（感化傾向）が高い人の特徴は「社交性」があります。表情が豊かで朗らかだったり、自分から話しかけて人間関係をつくっていったりする部下はｉが高いと考えられます。人とのつながりを大切にし物事を楽観的に考え肯定的に受け止める傾向があります。「感じがいい人」「明るい人」といった評価をされていることが多いようです。

　しかし、この人は１人で細かいことをやるのが得意ではありません。また、能動的に行動するものの、まとまりがつかなくなってしまうこともあります。話しているうちに感じるままに話が進み、本題からズレてしまうこともあります。

　ｉが高い人は周囲の評価を気にしているので、「承認」がやる気の源です。チームにはこういう人がいると安心してしまいがちですが、チーム全体がこの部下とうまくまとまっているのか、盛り上がりについていっていない人がいないかをみていく必要があります。

　周囲の雰囲気や自分の気持ちに流されず、仕事を進め判断していく力をつけていくことができれば、特性をより生かせることになります。

Ｓ〈安定傾向〉は穏やかにほほ笑むモナリザ

■こんな部下はＳ（安定傾向）
- コツコツ決まった仕事をきっちりやる
- 新しいシステムについての話には乗ってこない。不安そうな表情になる
- マニュアルをつくるのが得意
- 自信がなさそうで謙虚な印象

- 目立つよりも一歩下がって周囲に合わせる
- Yes なのか No なのかはっきりしない
- 聴き上手。飲み会などでもニコニコしながら皆の話を聴いている

■リーダーへの道……「行動」を促そう

　S（安定傾向）はD（主導傾向）やi（感化傾向）に比べ、受動的かつ消極的な印象を与えます。自分で行動を起こしたり変革したりするより、慣例や周りの動きに合わせることが多いのです。金融機関は規定や法律など従わなければならない業務が多い業界で、ミスがないことが当たり前とされる面もあります。また、周囲との和を大切にしている業界でもありますので、金融機関には立場にかかわらずS（安定傾向）の人が比較的多く見受けられます。またS（安定傾向）の人にとっても居心地は悪くないはずです。

　職場や人の役に立ちたいという気持ちが強く、目立とうとはせずにメンバーとしての役割を地道に果たします。意見を聞こうとして

も「特にありません」「それで結構です」と言う部下、仕事のやり方を変えようというアイデアに心配そうにする部下はいないでしょうか。

「管理職にチャレンジしてみない？」と言っても「私なんてとてもとても……」とまず答えるでしょう。自己評価が低めなのでなかなか一歩を踏みだせませんから、行動に向けて背中を押してあげる必要があります。小さな成功体験を積み重ねさせ、そのたびに承認と感謝をしっかりしていく。その人がいることがどれほど皆の役に立っているかを伝えていくことがその後の成長を促す結果になるでしょう。「大丈夫」「見守っているよ」が育成のポイントです。「行動」が将来をつくっていきます。

C〈慎重傾向〉は物静かで分析的な研究者タイプ

■こんな部下はC（慎重傾向）
- 軽い世間話が苦手
- 無表情で何を考えているのかわからない
- 細かいことに非常にこだわる
- Whyの質問が多く理屈っぽい
- データの矛盾に気づく
- 現金や数字を徹底的に合わせる。何度もいろいろな方向からチェックする
- おもしろくないことには笑わない

■リーダーへの道……心の交流の仕方を指導しよう

　C（慎重傾向）が高い人は、理論分析派ですのでデータなどの根拠を重視し、曖昧な話に付き合うのはあまり好みません。分析的に考える傾向があるため、綿密なレポートなどをつくるのが得意です。正しいことを重視するので、ルール違反をする人に対しては厳しいです。ニコニコすることはないのでとっつきにくいと思われがちです。

　こんな部下に、曖昧な指示を出したり、思いつきで指示を出したりするのは避けましょう。根拠を追及されたり、先週と今週の指示がどのように違っているか、そしてそのためにどのような影響が出ているか反論されることもあるでしょう。また「いい加減な上司」として信頼関係も損なわれます。

　「承認」は効果がありますが、必ず根拠を伝えることが大事です。Ｉメッセージで情報としてじっくり伝えると受け取りやすいでしょ

う。

　女性だからとやたら感情にアクセスするようなアプローチはあまりよくないかもしれません。本人に盛り上がることを期待するのも酷です。論理性を大事にして接していきましょう。チームにおいては、この部下が周囲にとけこめるように優れている面を上司として伝えておく必要があります。

　盛り上げ役になる人との協働の仕方、特に周囲との心の交流が必要と指導をしていくとともに、他者へ求める完璧さを手放すことをアドバイスしていくとよいでしょう。

＊DiSC理論に関しては、Wiley社が著作権を保有し、日本における総販売代理権はHRD株式会社が所有しています。

Column

● ワークとライフはバランスをとらなくてもよい ●

「ワークライフバランス（WLB）」という言葉が浸透していますが、これによってプレッシャーを感じている人は少なくないようです。「『ワーク』と『ライフ』はバランスをとらなければならないのでしょうか？」という質問をいただくことがあります。

この間、ある外資系企業のエグゼクティブの女性のお話を聞く機会がありました。彼女は2人のお子さんを育てながら要職に就いています。彼女の考え方はこうです。「私のキャリアの要素には『仕事』『家庭』『社会』の3つの輪があり、時期によってそれぞれの輪が大きくなったり小さくなったりする。子どもが小さいときはどうしても『家庭』の輪が大きくなり『仕事』の輪は小さくなる。しかし成長してくれば『仕事』の輪をまた大きくすることができる」と。そして、2人の子どもと夫がいるいまの生活が幸せ、とも。仕事と家庭のバランスをとるというのではなく、もっと大きな視点、つまりトータルコーディネイトの視点でみていくものなのだと腹落ちしたのでした。

女性職員のなかには子育てをしていることで、仕事を思いっきりすることができないと悶々とするケースも多いようです。しかしそれは永久に続くわけではありません。また思いっきり仕事ができる時期というのはくるのです。たしかに、ずっと仕事に打ち込むことができている人よりは少し後れをとったような気がするかもしれません。しかし、それよりも、長い目でみれば子どもがいることや子育てを通じて得る経験は仕事の厚みへのプラス要因です。

現状は仕組みやその運用面でデメリットを多く感じることが多いのは事実です。しかし、このことも徐々に改善してきています。今後、活躍する女性職員の母数が増えることで、改善の速度は上がっていきます。大きな視点、長い目で人生全体をみていきたいものです。

■参考文献■

『ダイバシティ・マネジメント』
　谷口真美（2005年、白桃書房）
『［新版］グロービスMBAリーダーシップ』
　グロービス経営大学院（2014年、ダイヤモンド社）
『「育休世代」のジレンマ』
　中野円佳（2014年、光文社）
『なでしこ力』
　佐々木則夫（2011年、講談社）
『強い営業店をつくる　今日からやろうコーチング！』
　前田典子（2005年、近代セールス社）

■サイト■

NPO法人日本サーバント・リーダーシップ協会
　http://www.servantleader.jp/
日本労働組合総連合会
　https://www.jtuc-rengo.or.jp/
AFP BBNews　2013年12月5日付
「脳内神経細胞の接続、男女間で違い」
　http://www.afpbb.com/articles/-/3004391

管理職のための女性リーダーを育てる本

平成27年12月25日　第1刷発行

著　者　前　田　典　子
発行者　小　田　　　徹
印刷所　三松堂印刷株式会社

〒160-8520　東京都新宿区南元町19
発　行　所　一般社団法人 金融財政事情研究会
　　編集部　TEL 03(3355)2251　FAX 03(3357)7416
販　売　株式会社きんざい
　　販売受付　TEL 03(3358)2891　FAX 03(3358)0037
　　URL http://www.kinzai.jp/

・本書の内容の一部あるいは全部を無断で複写・複製・転訳載すること、および磁気または光記録媒体、コンピュータネットワーク上等へ入力することは、法律で認められた場合を除き、著作者および出版社の権利の侵害となります。
・落丁・乱丁本はお取替えいたします。定価はカバーに表示してあります。

ISBN978-4-322-12840-6